GROUPE DES ARMÉES DU NORD

COURS DU GÉNIE

CONFIDENTIEL

ABRIS

Capitaine HÉLIE

Vu et Approuvé :
Le Chef de Bataillon BARRÉ,
Directeur du Cours,
Signé : **BARRÉ**.

IMPRIMÉ AU G. C. T. A. IV

20 Mars 1918

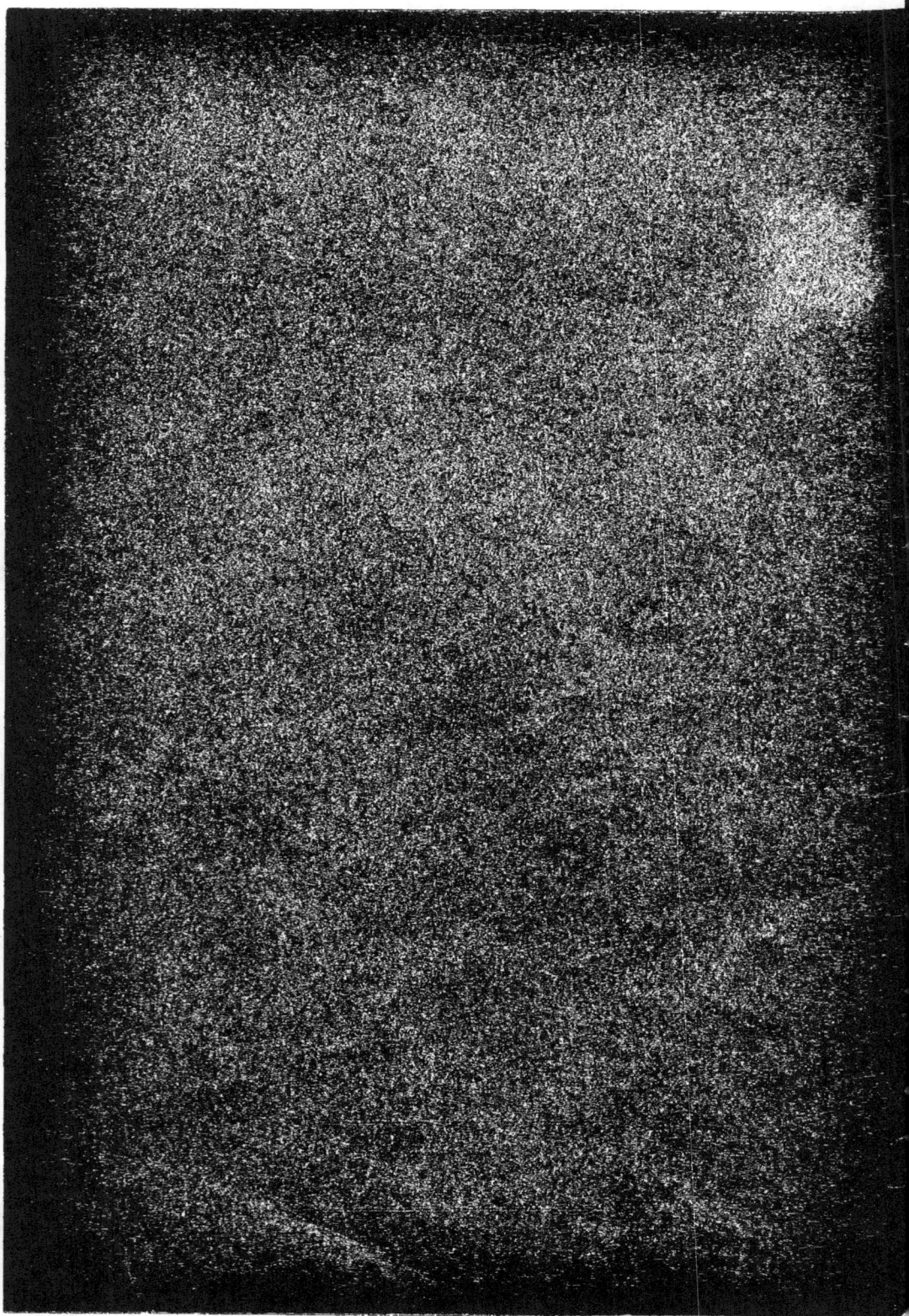

ABRIS

Capitaine HÉLIE

TABLE DES MATIÈRES

Documents consultés **4**

Abris. — *Considérations générales* 5

Première Partie. — *Abris à l'épreuve* 8

   I. — Abris-Cavernes 8

     Chapitre premier. 8

       § 1. — Généralités. 8

       § 2. — Organisations des débouchés 9

       § 3. — Corps de l'abri 18

       § 4. — Procédés de construction des abris-cavernes 23

     Chapitre II. — Dissimulation des abris-cavernes. 28

     Chapitre III. — Habitalité des abris-cavernes 29

     Chapitre IV. — Protection contre les gaz délétères et asphyxiants 31

   II. — Abris de surface. 33

       § 1. — Généralités. 34

       § 2. — Abris pour personnel 35

       § 3. — Postes de Commandement. — Postes de Secours. 35

       § 4. — Abris pour mitrailleuses. 36

       § 5. — Postes d'observation. — Abris pour projecteurs et postes optiques 38

Deuxième Partie. — *Abris à protection moyenne.* 40

Troisième Partie. — *Abris légers.* 44

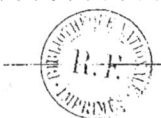

DOCUMENTS CONSULTÉS

Constitution des abris, du Capitaine Billiard (Conférences faites à l'École d'Instruction du Génie du G. A. C., mars 1917).

Notice sur la constitution des abris en galerie de mines (Ministère de la Guerre, Direction des Études et du Matériel spécial du Génie, Section technique du Génie, 21 janvier 1914).

Instruction sur les travaux en campagne, à l'usage des troupes de toutes armes, 21 décembre 1915.

Instruction sur l'organisation du terrain pour troupes de toutes armes (1re partie, 22 août 1917 ; 2e partie, 17 octobre 1917).

Cours divers de l'École.

ABRIS

CONSIDÉRATIONS GÉNÉRALES

L'organisation défensive d'une position n'aura de valeur effective, que si les divers éléments, qui doivent concourir à la défense de la position, y trouvent les conditions de sécurité et de tranquillité matérielles et morales qui leur sont nécessaires pour assurer cette défense.

Les principales de ces conditions ne se trouveront réalisées que si le défenseur est protégé contre les effets du tir de l'Artillerie.

Or, au fur et à mesure de l'avancement de la guerre, le tir de l'Artillerie a acquis une intensité et une violence, qui vont constamment en augmentant. Les pièces de moyen et de gros calibres s'accroissant en nombre, les gros calibres ont, eux-mêmes, une tendance à s'enfler de plus en plus, d'où un accroissement non moins régulier des charges d'explosifs déversées sur les positions adverses ; les approvisionnements en munitions augmentent dans des proportions inouïes. Ajoutons à cela le perfectionnement constant des procédés d'observation, tant aérienne que terrestre, et des moyens de liaison, qui permettent à l'Artillerie d'exécuter des tirs de plus en plus précis.

Il en résulte que toute organisation superficielle soumise à un bombardement intense, dans lequel l'observation est possible, est vouée à une destruction certaine.

Cet écrasement de l'organisation défensive se complète par l'envoi, soit au moyen d'engins spéciaux, soit par le tir de l'Artillerie (par obus spéciaux), des gaz asphyxiants, qui agissent directement sur les défenseurs.

Cependant, il faut que ce défenseur puisse se maintenir sur ses positions, observer soit les mouvements ou les travaux de l'ennemi, soit les résultats de tir de sa propre Artillerie, se tenir en liaison avec l'avant et l'arrière, transmettre et recevoir des ordres, secourir les blessés, concentrer des troupes en vue d'attaques ou de contre-attaques, etc. Il ne pourra assumer ce multiple rôle que si l'organisation défensive qu'il a mission de défendre et de conserver lui offre les moyens de protection nécessaires.

Il faut donc que cette organisation comprenne des *abris* de qualité et quantité suffisantes, pour que le défenseur puisse y trouver un refuge à peu près sûr contre les bombardements et contre l'action des gaz, et y rassembler, dans une sécurité aussi complète que possible, les troupes qu'il destine à des contre-attaques.

L'abri constitue un des éléments essentiels de toute organisation défensive et sa construction doit être entreprise dans le plus bref délai. Le règlement allemand relatif à la guerre de positions pour toutes les armes, n'hésite pas, dans la 1re partie, Généralités sur l'organisation des positions, du 13 novembre 1916, à donner à l'abri une place de premier ordre parmi les travaux que nécessitent la construction et l'entretien des positions. « On devra, dit-il, constituer l'ossature de la position, c'est-à-dire organiser tout d'abord les organes de flanquement et les *abris*, puis les postes et les postes de commandement, ainsi que les défenses accessoires, ensuite les dépôts de munitions, enfin on exécutera les travaux d'assèchement, etc. Les terrassements proprement dits (tranchées de combat et boyaux de communication) devront être totalement ou partiellement laissés de côté ».

Quoi qu'il en soit, la protection que doivent offrir les abris, dits *à l'épreuve*, les soumet à un nombre de conditions, auxquelles ils doivent satisfaire et qui sont les suivantes :

1° *Être à l'épreuve des bombardements de préparation d'attaque ;*
2° *Être difficilement repérables, même pendant leur construction ;*
3° *Offrir les meilleures conditions d'habitabilité ;*
4° *Protéger les occupants contre l'action des gaz délétères ou asphyxiants.*

La première condition est immédiatement subordonnée à la nature des projectiles que les Allemands emploient le plus fréquemment pour la destruction des abris. Ce sont le *210 à forte charge* et les calibres au-dessus.

Mais ces derniers ont une telle puissance qu'il sera, généralement, fort difficile, dans une organisation de campagne, de réaliser les constructions importantes que nécessiterait la protection contre ces calibres. Le problème se réduira donc, le plus souvent, à obtenir la *protection contre le 210 à forte charge,* ce qui sera le plus souvent suffisant.

On ne cherchera à se protéger contre les calibres supérieurs au 210 que lorsqu'on aura à réaliser des abris appartenant à une organisation destinée à jouer un rôle prépondérant, telle que la défense d'une localité importante, d'un point de passage obligé, d'une tête de pont, etc. On cherchera alors la protection contre le 305, le 380 ou même le 420.

On a vu, dans une autre conférence, *Effets du tir de l'Artillerie sur les organisations défensives,* qu'il avait été possible de déterminer les épaisseurs protectrices nécessaires. Les résultats auxquels on est arrivé, sont résumés dans les tableaux ci-après :

TABLEAU I. — **Abris-cavernes**

CALIBRE	CHARGE D'EXPLOSIF	COEFFICIENT DU TERRAIN	ÉPAISSEUR à donner au ciel DES ABRIS	PROFONDEUR de PÉNÉTRATION	OBSERVATIONS ou LIEU DE L'EXPÉRIENCE
	kilogr.		mètres	mètres	
210 à forte charge..........	18	2 3	6 50 5 00	3 00 2 50	Verdun. Mailly.
305......................	35	2 3	8 50 7 00	4 50 3 75	Verdun.
380......................	68	2 3	8 50 7 00	3 50 3 00	Verdun.
420......................	106	2 3	14 50 12 50	8 75 7 50	Verdun.

Distance des entrées : 8 à 10 mètres pour le 210, 10 à 12 mètres pour le 380 et 14 à 16 mètres pour le 420.

TABLEAU II. — **Abris de surface**

PREMIER TYPE

CALIBRE	PORTÉE DE 2ᵐ 50			PIÉDROITS		
	VOUTE DE 2ᵐ 50 d'ouverture		DALLE de 2ᵐ 50 de portée	Maçonnerie ordinaire	Béton spécial	Béton armé
	Maçonnerie ordinaire	Béton spécial	Béton armé			
	mètres	mètres	mètres	mètres	mètres	mètres
210......................	2 00	1 50	1 00	1 25	1 00	0 75
305......................	2 25	1 75	1 25	1 50	1 25	1 00
380......................	2 50	2 00	1 50	1 50	1 25	1 00
420......................	»	»	1 75	2 00	1 75	1 75

DEUXIÈME TYPE

CALIBRE	DALLE D'ÉCLATEMENT en ciment armé	PIERRE cassée ou SABLE	REVÊTEMENT INTÉRIEUR	
			MAÇONNERIE ordinaire 1	BÉTON SPÉCIAL 2
	mètres	mètres	mètres	mètres
210......................	0 75	1 00	1 00	0 50
305......................	1 00	1 00	1 00	0 50
380......................	1 25	1 00	1 00	0 80
420......................	1 50	1 05	1 00	0 50

Mais la construction des abris à l'épreuve est toujours d'une durée assez longue et exige d'importants approvisionnements en matériaux spéciaux. Cependant, quand ces abris n'existent pas ou sont en nombre insuffisant et qu'on est pressé par le temps, personnel et matériel ne peuvent rester sans aucune protection.

Il faut parer au plus pressé, on ne cherche plus la protection contre le 210 à forte charge, on se contente de se prémunir contre les effets du 105, du 150 et, à la rigueur, du 210 à fusée instantanée.

On construit alors des abris de surface que nous désignerons dans cette étude, sous la dénomination d'*abris à protection moyenne*. En raison même de la protection insuffisante qu'offrent ces abris, et de leur saillie à la surface du sol, on devra s'appliquer à les dissimuler le plus possible, soit en les construisant sous bois, soit en les camouflant du mieux qu'on pourra.

Dans une conférence précédente sur *les organisations défensives*, il a été posé en principe qu'il ne serait plus créé d'abris importants dans la parallèle de surveillance et la parallèle de dédoublement, et que c'est seulement sur la parallèle de résistance [1] qu'on construirait des *abris à l'épreuve*, ou, dans certains cas, des *abris à protection moyenne* [2].

Cependant, on ne peut laisser les occupants de ces deux premières lignes, sans aucune protection, au moins contre les intempéries, et contre les éclats et les balles de schrapnells. On créera des abris du type dit *abris légers*, mais on devra proscrire absolument la construction de tout modèle d'abri couvrant la tranchée. Les pièces de bois, servant à la construction de pareils abris, sont en effet, projetées par le bombardement en débris plus ou moins gros à l'intérieur de la tranchée qu'elles obstruent, et tombent sur les défenseurs qu'elles écrasent ou au moins blessent au moins sérieusement.

Au contraire, la construction des abris légers qu'on étudiera plus loin, aura le double avantage de laisser la tranchée complètement dégagée et de supprimer les niches sous parapet sans aucun revêtement, que les hommes se construisent et qui offrent le grave danger d'affaiblir le parapet. Ces niches sont, en outre, d'une solidité très relative, et il arrive qu'elles s'éboulent sur les occupants, même sans que l'Artillerie ennemie entre en jeu.

Ces considérations générales établies, nous allons étudier successivement :

1o *Les abris à l'épreuve*, auxquels nous chercherons à appliquer les conditions générales énoncées plus haut, et qui se subdivisent en :

a) *Abris-cavernes ;*
b) *Abris de surface.*

2o *Les abris à protection moyenne ;*

3o *Les abris légers.*

---

[1] Dans la parallèle de résistance l'Instruction du 20 décembre 1917, sur l'action défensive, interdit d'ailleurs les abris profonds à grande contenance.

[2] L'expression *abris à l'épreuve* servira donc à désigner les abris susceptibles de résister aux projectiles du 210 à forte charge et fusée à retard et l'expression *abris à protection moyenne* désignera les abris de surface pouvant résister aux projectiles du 105, du 150 et même, à la rigueur, du 210 à fusée instantanée.

PREMIÈRE PARTIE

ABRIS A L'ÉPREUVE

I

ABRIS-CAVERNES

CHAPITRE PREMIER

Nous étudierons, dans ce chapitre, les divers moyens de construire et d'organiser les abris-cavernes, de façon qu'ils satisfassent à la première condition prévue plus haut, savoir :

Être à l'épreuve du bombardement de préparation d'attaque.

§ 1. — Généralités

Les *abris-cavernes* ou *abris en galerie* de mines sont des abris creusés dans le terrain vierge et dont le ciel et les parois latérales reçoivent, généralement, *un revêtement* ou *coffrage*, établi conformément aux prescriptions de l'École de Mines.

Les dispositions d'un abri à construire dépendent essentiellement de la destination que le Commandement veut lui donner (abri pour troupe de première ligne, renforts, réserves, P. C., postes de secours, abris pour mitrailleuses, etc.).

Il peut arriver, en raison du temps et de la grande quantité de matériaux nécessaires pour construire tel ou tel abri, que le Commandement décide que la construction en sera faite progressivement, c'est-à-dire qu'on fera d'abord un minimum de deux entrées et de la galerie qui les relie, permettant ainsi d'avoir immédiatement un abri occupable, quitte à poursuivre ensuite le travail jusqu'à achèvement, par l'exécution d'autres entrées, l'allongement de la galerie de liaison, la construction d'alvéoles, etc.

Quoi qu'il en soit, un abri a presque toujours une attribution définie. Il faut donc établir le *plan complet de l'abri à construire*, après avoir procédé, sauf impossibilité absolue, à un *lever du terrain* où devra se trouver l'abri. On aura ainsi les éléments pour fixer immédiatement les *directions* et les *côtés* des différentes galeries.

On fera ensuite l'*implantation de l'abri sur le terrain* où on établira des *repères*, qui permettront de donner aux galeries les directions voulues, d'en régler la marche sans erreur possible et d'avoir les éléments pour rejoindre, de la surface du sol, telle ou telle partie de l'abri (par exemple aération par puits à la Boule).

Ces travaux préparatoires ont une grande importance, car, entre autres, ils permettent d'éviter des erreurs grossières qu'on est parfois à même de constater (galerie en zigzag, attaques marchant l'une vers l'autre et ne se rencontrant pas, ou se rencontrant sous un angle marqué, ou se rencontrant à moitié ou au tiers de leur section). L'aménagement et l'occupation de pareils abris se font alors dans des conditions particulièrement difficiles.

Un abri comprend deux parties essentielles :

Les *entrées* ou *débouchés* ;

Le *corps de l'abri proprement dit.*

Les châssis employés pour la construction des abris sont :

1° Des types règlementaires donnés par l'École de Mines : *galerie majeure, grande galerie, demi-galerie* [1].

2° Des types créés par les Bataillons M. D. :

    Châssis n° 1 de 1 m. 33 × 1 m. 85 (hauteur) ;

    Châssis n° 2 de 2 mètres × 1 m. 85 (hauteur) ;

    Châssis n° 3 de 1 mètre × 2 mètres (hauteur).

Les entrées ou débouchés sont construits en *grande galerie*, parfois en *demi-galerie*, comme nous le verrons plus loin, ou en *châssis n° 3*. On emploi aussi, pour les descentes, de grands châssis coffrants en madriers.

Le corps de l'abri est construit :

En *galerie majeure*, en *châssis n° 2*, en *châssis n° 1*, en *grande galerie*.

§ 2. — Organisation des débouchés

Un abri ne sera en mesure de jouer le rôle qui lui est dévolu que si les entrées ou débouchés, qui permettent d'y accéder ou d'en sortir, ont des *communications faciles* avec l'ensemble de l'organisation défensive dont l'abri est un des éléments (en créant, par exemple, des boyaux spéciaux), et que si la *défense immédiate de ces entrées* peut être organisée, par la création d'observatoires, d'emplacements pour mitrailleuses, d'organes de flanquement, de défenses accessoires. C'est là une question de principe à poser tout d'abord et qu'on devra s'efforcer de résoudre, lors de la construction des abris (ce principe est posé également par les Règlements allemands relatifs à la guerre de position pour toutes les armes, 1re Partie, Section A, Généralités sur l'organisation des positions, 13 novembre 1916).

Les *communications, entrées ou débouchés* qui constituent les moyens d'entrer dans les abris ou d'en sortir, devront, toujours, être au moins au nombre de *deux*, et, si possible, de *trois* pour les abris-cavernes de faible développement, c'est-à-dire pour les abris de demi-section.

Elles devront satisfaire aux conditions suivantes :

1° *Circulation rapide et aisée* ;

[1] L'Instruction sur l'organisation du terrain (détails) approuvée le 17 octobre 1917, parue depuis la rédaction de ce travail, prévoit, en principe, l'utilisation de galerie d'un type uniforme : *galerie majeure*, 1 m. 95 de hauteur sur 2 mètres de largeur ; *grande galerie*, 1 m. 95 de hauteur sur 1 mètre de largeur, et, éventuellement *grande galerie élargie*, 1 m. 95 de hauteur sur 1 m. 33 de largeur et enfin *demi-galerie*, 1 m. 30 à 1 m. 50 de hauteur sur 1 mètre de largeur, toutes ces dimensions prises dans œuvre.
Ci-dessous tableau des équarrissages et poids correspondants :

DÉSIGNATION DES GALERIES	ÉQUARISSAGE DES BOIS		
	SEMELLE	MONTANT	CHAPEAU
	c/m	c/m	c/m
Demi-galerie	11 × 9	11 × 11	11 × 16
Grande galerie ordinaire	15 × 10	15 × 15	15 × 22
Galerie majeure	15 × 10	15 × 15	15 × 24

DÉSIGNATION des GALERIES	POIDS DES DIVERS ÉLÉMENTS EN KILOGRAMMES [1]						
	SEMELLE	MONTANT	CHAPEAU	TOTAL du châssis	PLANCHE de ciel	PLANCHE de coffrage	TOTAL de l'intervalle coffré
Demi-galerie	10	15	20	60	24 kilogr. par mètre carré	16 kilogr. par mètre carré	150
Grande galerie ordinaire	15	35	30	115			220
Galerie majeure	25	35	65	160			300

[1] Chiffres n'ayant pour but que de donner une idée de l'ordre de grandeur du poids des bois de mines. Ces poids sont naturellement assez variables avec l'espèce et l'état du bois. L'intervalle est compté à sa longueur maxima (1 mètre).

2° *Réduction de la possibilité d'obstruction de l'entrée proprement dite*, partie faible du débouché ;

3° *Défense efficace en cas d'irruption de l'ennemi* ;

4° *Résistance tant aux efforts statiques qu'aux efforts dynamiques dus à l'explosion des projectiles.*

Ces communications pourront se faire en *galeries* ou en *puits*.

DÉBOUCHÉS EN GALERIES. — Ces galeries seront elles-mêmes :

Soit *à pente très faiblement descendante à l'extérieur* (de 0 m. 01 à 0 m. 05 par mètre) ;

Soit en *descentes*, c'est-à-dire en pente nettement descendante vers le corps de l'abri.

Il est utile de spécifier, tout d'abord, que l'emploi des galeries à faible pente vers l'extérieur n'est pratiquement applicable que dans les cas suivants :

Le terrain dans lequel doivent se faire les débouchés, présente un à pic (une carrière par exemple) ou une pente très raide supérieure à 45° ;

La nature du terrain est telle que l'épaisseur de la couche protectrice atteint très rapidement la valeur exigée ;

L'abri est à construire dans un terrain où les eaux de suintement arrivent en telle abondance que l'action des pompes serait insuffisante (puisards en terrain imperméable) et que l'écoulement de ces eaux doit se faire par les entrées.

Ceci posé, nous allons étudier successivement dans quelle mesure l'un et l'autre des types de galerie satisfont aux conditions énoncées ci-dessus.

1° *Circulation.* — Toutes choses égales d'ailleurs, la circulation sera d'autant plus aisée et rapide que la galerie aura une pente plus faible, mais la topographie du terrain intervient alors pour la détermination de la pente à donner à la galerie.

On adoptera, suivant le cas :

Le type de la galerie à faible pente vers l'extérieur, que, pour la facilité de la discussion, nous appellerons *type n° 1.*

Le type de la descente à $\frac{2}{3}$ ou *type n° 2.*

Le type de la descente à $\frac{1}{4}$ ou *type n° 3.*

Quel que soit le type employé, la facilité de la circulation exige que la hauteur libre de galerie ne soit pas inférieure à 1 m. 85 et oscille entre 1 m. 85 et 2 mètres, hauteur de la grande galerie.

En terrain sensiblement horizontal, il y a avantage à adopter le type n° 3, parce qu'on obtient ainsi une réduction notable des déblais et des matériaux destinés au coffrage et une diminution de la partie vulnérable de la descente ; mais plus s'accentue la pente du terrain naturel, plus vite s'accusent les avantages, d'abord du type n° 2, et, ensuite, du type n° 1.

On admet, d'ailleurs, que la pente de $\frac{1}{4}$ est une pente limite qu'on ne doit pas dépasser ; cependant, les Allemands n'hésitent pas, dans la construction des descentes de leurs abris, à adopter des pentes de $\frac{3}{4}$ et même de $\frac{2}{4}$; mais si, avec de pareilles pentes, on réduit considérablement le cube des déblais et des matériaux de construction et si on obtient très rapidement la protection nécessaire, la sortie de ces galeries devient extrêmement pénible et l'occupant a toutes chances, en cas d'attaque, d'être pris dans son abri comme dans une souricière.

2° *Réduction de la possibilité d'obstruction de l'entrée proprement dite.* — Ce résultat sera obtenu en dégageant, le plus possible, les abords immédiats de l'entrée, en élargissant, au besoin, le boyau ou la tranchée, mais de façon, toutefois, que cet élargissement ne puisse pas être repéré par les avions ennemis. On enlèvera tous les matériaux pouvant venir obstruer les entrées et, notamment, on condamnera formellement toute couverture en charpente, rondins, etc., au dessus de la tranchée ou du boyau où débouchent les entrées.

On ne devra pas avoir une entrée avec une protection de *terre vierge*, inférieure à

1 mètre et on renforcera cette protection au moyen de deux couches de rondins ou de rails et des premières terres de déblai, cette protection étant, elle-même, complétée par l'établissement d'une couche d'éclateurs (voir Pl. 1 et 4).

Encore de préférence, quand cela sera possible, on enveloppera complètement les premiers châssis au moyen d'un massif de béton ou même de béton armé, qu'on prolongera à la surface du sol, de façon à constituer *dalle d'éclatement* (voir Pl. 3 et 5).

Enfin on augmentera la résistance en juxtaposant les quatre ou cinq premiers châssis.

3° *Défense des entrées des abris.* — Il faut, autant que possible, que cette défense s'exerce, d'abord, au moyen des organes de flanquement extérieurs, qui interdisent l'approche des entrées et dont il a été question au début de ce chapitre.

Mais il arrivera souvent que ces organes n'auront pas été établis pour une raison ou pour une autre, et que la garnison de l'abri se trouvera réduite à ses seules forces.

Si l'ennemi est arrivé devant les entrées d'un abri, avant que les défenseurs aient pu sortir, la situation de ces derniers deviendra critique, étant donné que l'assaillant inondera les débouchés de grenades et de liquides enflammés[1]. Si, à ce moment, les troupes amies ne déclenchent pas une contre-attaque, susceptible de dégager les abords de l'abri, la garnison ne devra compter que sur elle-même.

Il faut qu'elle soit en mesure :

D'interdire, le plus longtemps possible, les abords des entrées ;

D'empêcher l'ennemi de pénétrer dans les galeries, s'il arrive jusqu'aux abords ;

D'annuler, au moins en partie, les effets des grenades et des liquides enflammés ;

Et enfin de *déclencher une contre-attaque avec une partie de son effectif.*

La défense devra donc être, à la fois, *extérieure* et *intérieure :*

EXTÉRIEURE. — a) *En créant, aux abords immédiats des entrées, des postes pouvant donner des tirs de barrage* avec fusils, grenades, dans les boyaux conduisant à ces entrées. Un modèle d'un pareil poste consiste dans la *traverse-blockhaus*, décrite dans la « Notice sur la construction des abris en galerie de mines », publiée par la S. T. G., le 21 janvier 1917. C'est, en somme, une traverse qu'on a remplacée par un blockhaus en béton armé, si possible, disposant de créneaux de fusillade et de glissières à grenades et battant les abords des entrées, mais à laquelle on a laissé son aspect extérieur, au moins pour une photographie d'avion.

La traverse-blockhaus communique avec le corps de l'abri par une descente spéciale (voir Pl. 6).

Mais la construction d'une pareille traverse demande un travail important, qu'on sera rarement en mesure de fournir, pendant la construction de l'abri, ou même après.

En tous cas, il faut proscrire absolument le délardement du parados de la tranchée, pour permettre de tirer en arrière de l'abri. Un pareil délardement serait, sur une photographie d'avion, une indication formelle de l'existence d'un abri, ou, au moins, de quelque chose qui mérite une reconnaissance par obus de gros calibre.

Il vaut mieux chercher à flanquer les orifices des entrées au moyen d'une organisation spéciale communiquant avec l'abri et installée dans un retour de boyau, telle qu'elle figure à la Planche 6 *bis.*

Cette organisation a été réalisée sur le front par le Capitaine du Génie Nicolas.

b) *En construisant une galerie d'entrée supplémentaire,* dont le débouché se fera, dans la campagne, assez loin des autres entrées et pourra être dissimulée aux vues ennemies, et qui permettra à la garnison de s'échapper ou de prononcer une contre-attaque (voir Pl. 7, abri du Lieutenant-Colonel Cernesson).

---

[1] A noter que, dans le type n° 1, les grenades ne pourront atteindre que difficilement le corps de l'abri si l'entrée est suffisamment longue, 10 à 12 mètres ; les liquides enflammés et les grenades asphyxiantes pourront seuls avoir de l'effet, si toutefois, on ne prend aucune mesure de défense contre ces engins.

Intérieure. — a) *En créant, à l'intérieur des galeries d'entrée, des chicanes* qui permettront aux défenseurs de recevoir l'assaillant à coups de grenades ou de fusil, réduiront la largeur du passage et la rendront plus difficile, arrêteront les grenades et les liquides enflammés.

On peut les concevoir en des points quelconques et en nombre quelconque dans le type nº 1, avec ou sans double coude en grande galerie; à des paliers avec double coude, ou au bas de la descente avec les types nos 2 et 3 (voir Pl. 1, 2, 4, 7).

b) En créant une chicane dans le plan vertical de la descente, qui, s'abaissant jusqu'à un niveau inférieur à celui du corps de l'abri, comprendra un palier, avant de remonter vers le corps de l'abri (voir Pl. 7).

c) En établissant, à 2 ou 3 mètres de l'entrée, une porte grillagée, à rabattement avec un petit fossé dans le sol de la galerie, de manière à arrêter les grenades (voir Pl. 1).

Le projet d'abri établi par le Colonel Cernesson constitue un type d'organisation, tant au point de vue de la possibilité de défense extérieure réalisée par la troisième sortie, qu'à celui de la défense intérieure (voir Pl. 7).

On peut lui reprocher d'être un peu compliqué et de nécessiter une durée de construction et une quantité de matériaux qu'on aura rarement à sa disposition.

4º Offrir la résistance maximum. — Il est clair que la résistance offerte par le type nº 1 est, sensiblement, du même ordre que celle du corps de l'abri et dépend surtout de l'épaisseur de la couche protectrice de terre vierge; on renforcera, au besoin, la partie avancée de l'entrée, comme il est dit plus haut. Il y aura toujours à prévoir, et plus particulièrement dans le voisinage de l'entrée proprement dite : contreventement longitudinal et contreventement transversal.

D'autres considérations interviennent pour les types nos 1 et 3.

Supposons qu'un projectile explose au-dessus d'une descente en un point quelconque a. Les efforts qui intéressent la galerie peuvent être représentés par des forces dirigées suivant le rayon de la sphère de compression produite par l'explosion de la charge et s'appuyant sur le ciel de la galerie de b en c (Fig. 1).

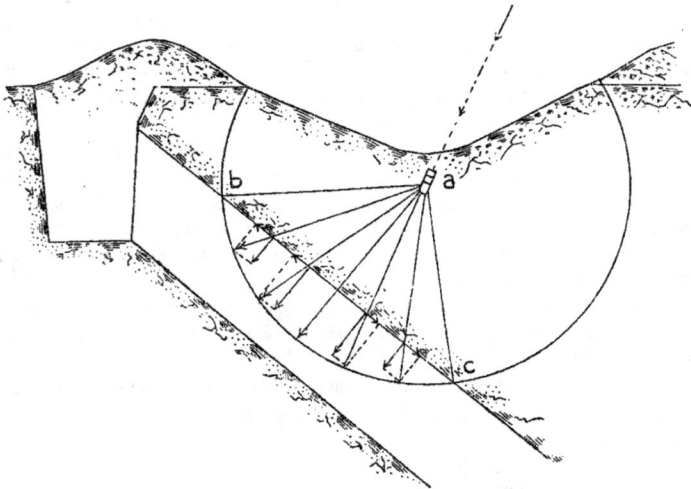

Fig. 1

Ces efforts peuvent être ramenés à *des efforts longitudinaux et perpendiculaires à la descente*. La poussée du terrain se traduit, en outre, par des efforts appliqués sur le ciel et susceptibles, comme les précédents, d'être décomposés en efforts longitudinaux et perpendiculaires à la descente.

Les efforts longitudinaux tendent à produire le renversement des châssis vers le haut et vers le bas et les efforts perpendiculaires la rupture, par *flexion*, du chapeau des châssis et des planches du ciel, et, par *compression*, des pièces normales à la descente.

Le renversement des châssis sera évité par un *contreventement longitudinal* approprié au genre de galeries, et la rupture des chapeaux par le renforcement du ciel (choix des châssis, augmentation de leur nombre surtout près de l'entrée proprement dite).

Si le projectile explose sur un des côtés de la descente, il donnera lieu à des poussées qui tendent à déformer les châssis et, même, à rompre par flexion leurs montants. Il pourra en être de même de la poussée des terres dans certains terrains (terrains argileux, surface de glissement).

On se prémunira contre ces poussées latérales en *contreventant transversalement* les châssis et en renforçant les parois de la galerie (augmentation du nombre des châssis).

EXÉCUTION DES CONTREVENTEMENTS. — Les débouchés sont actuellement coffrés soit avec des *châssis ordinaires,* avec *planches de ciel* et de *coffrage,* soit avec des *châssis coffrants.*

Ces châssis sont disposés *verticalement* dans le type nº 1, *verticalement* ou *perpendiculairement* à la pente dans les types nᵒˢ 2 et 3.

La section la plus couramment employée est celle de la grande galerie, en raison des facilités de circulation que donne la hauteur de ces châssis. Nous verrons, cependant, qu'avec les châssis perpendiculaires à la pente, il est possible, surtout avec le type nº 3, d'employer des *châssis de demi-galerie.*

Nous allons examiner de quelle façon il convient de procéder au contreventement dans les différents cas.

1º *Type nº 1.* — La résistance aux *efforts longitudinaux,* qu'ils proviennent de la poussée des terres ou de l'action d'un obus, sera obtenue en plaçant, entre les châssis, des *étrésillons horizontaux supérieurs,* prenant appui, à la fois, sur les chapeaux et montants, des *étrésillons horizontaux inférieurs,* s'appuyant, à la fois, sur les semelles et les montants, et en disposant des *écharpes* contrebutant le premier châssis et contreventant soit tous les châssis de la galerie, soit seulement un certain nombre, lorsque l'épaisseur de la couche a atteint le minimum de sécurité nécessaire. Ces écharpes contreventant les châssis en s'appuyant, d'une part, directement sur les montants, soit en haut, soit en bas, et, d'autre part, sur les chapeaux ou les semelles, par l'intermédiaire des étrésillons (voir Pl. 2).

Ceci sans préjudice d'éléments de demi-planches de 0 m. 027 cloués sur les montants des châssis, comme le prévoit l'École de Mines pour les tringles.

La *résistance aux efforts transversaux* s'obtiendra par la perfection des assemblages et par la pose de 4 écharpes (tringles ou bouts de planches) clouées sur le chapeau et les montants (Fig. 2). On peut substituer aux écharpes des clameaux à une face fixés sur les montants et les chapeaux.

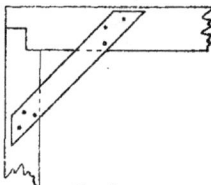

Fig. 2

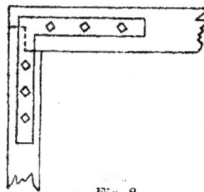

Fig. 3

On peut aussi, de préférence, tirefonner sur les montants et les chapeaux une équerre en fer dont on aura préparé l'encastrement (Fig. 3).

Ce contreventement transversal n'est pas spécial au type nᵒ 1 et aussi bien aux types nᵒˢ 2 et 3.

2ᵒ *Types nᵒˢ 2 et 3*. — Nous allons examiner maintenant quelles sont les conditions d'emploi des châssis ordinaires et des châssis coffrants pour les types nᵒˢ 2 et 3.

a) *Descente en châssis ordinaires verticaux*. — Un châssis quelconque AB (Fig. 4)

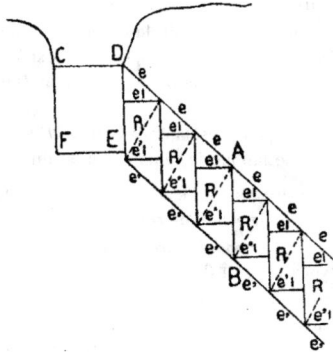

Fig. 4

tendra, sous l'action des efforts longitudinaux, à se renverser vers le haut, la réaction du terrain en A s'opposant au renversement vers le bas.

La résistance à cette tendance au renversement s'obtiendra en plaçant des étrésillons, soit suivant la pente, et disposés comme il vient d'être dit pour le type nᵒ 1, en e et e', soit horizontaux, en e_1 et e'_1, prenant appui, d'une part, sur le montant et sur le chapeau d'un châssis, et, d'autre part, sur le montant du châssis précédent, pour sa partie supérieure, et, pour la partie inférieure, prenant appui sur montant et semelle d'un châssis et sur montant du châssis suivant, en disposant des écharpes R, allant par l'intermédiaire des étrésillons, de l'assemblage montant chapeau à l'assemblage semelle montant du châssis précédent.

Mais on voit, sur la figure même, que, dans le type nᵒ 3, l'appui des étrésillons horizontaux, e_1 et e'_1, se fait sur le montant, à une distance, soit du haut, soit du bas, supérieure au $\frac{1}{3}$ de la longueur du montant[1]. On soumet donc celui-ci à un effort à la flexion qui peut être dangereux. Dans le cas du type nᵒ 3, il vaudra donc mieux, si on veut placer des étrésillons horizontaux, disposer les écharpes de façon que leur point d'appui se trouve en regard de l'appui montant — e_1, et contrebuter l'appui montant — e'_1 par un autre étrésillon horizontal da disposé comme l'indique la figure ci-contre (Fig. 5).

Il faut contrebuter le premier châssis pour l'empêcher de se renverser dans le boyau. On peut, soit établir un cadre CDEF, s'appuyant sur les parois du boyau (Fig. 4) procédé à rejeter, parce qu'il gêne la circulation et est trop vulnérable, soit, plutôt, échancrer le parapet du boyau devant l'entrée et contrebuter le premier châssis par une écharpe R' (Fig. 5).

Le châssis vertical offre l'avantage d'être d'un placement peut-être plus facile en mauvais terrain, quand on marche au front de taille vertical. Il ne craint, d'autre part, que le renversement de bas en haut, auquel on peut s'opposer par un contreventement approprié. Mais il présente aussi de sérieux inconvénients ; le placement des planches de ciel est alors plus difficile et leur appui sur les chapeaux est défectueux, malgré les *alèses* qu'on cloue sur la face supérieure des

[1] Cette distance varie, naturellement, avec l'écartement des châssis.

chapeaux. D'autre part, si on admet la décomposition des efforts longitudinaux et efforts perpendiculaires à la pente, comme nous l'avons vu plus haut, on voit que la composante

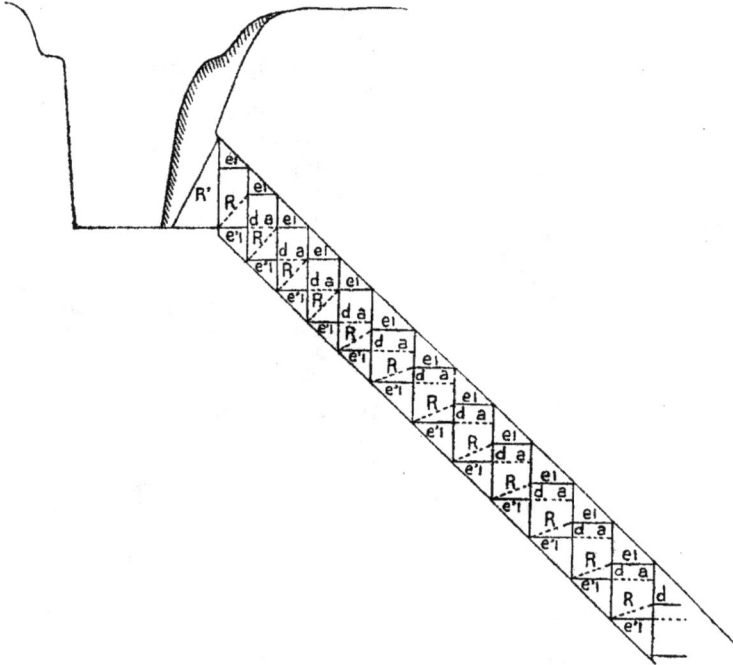

Fig. 5

normale à la pente fera travailler le châssis et ses assemblages obliquement, ce qui risque d'amener des dislocations.

b) *Descente en châssis perpendiculaires à la pente.* — Comme on l'a vu plus haut (Fig. 1), l'explosion d'un obus pourra, suivant le cas, renverser le châssis, soit vers le haut, soit vers le bas. On pourra parer à ce danger par un contreventement approprié.

On disposera à la partie supérieure de la descente, deux ou trois châssis verticaux, très rapprochés l'un de l'autre et contreventés extérieurement par deux écharpes. Sur cet ensemble, viendra se contrebuter par sa partie inférieure et par l'intermédiaire de deux ou trois châssis d'inclinaison variable, le premier châssis normal à la pente.

A la partie inférieure, les deux châssis de la galerie du corps de l'abri, où aboutit la descente, seront placés au droit des deux faces verticales de cette descente. Contre ces deux châssis et s'y appuyant par l'intermédiaire des abouts des planches de coffrage, on placera, à l'extrémité de la descente, un châssis de grande galerie vertical, sur la partie supérieure duquel viendra se contrebuter un châssis de grande galerie dont l'inclinaison sera celle de la bissectrice de l'angle formé par la verticale et la perpendiculaire à la pente. Et c'est sur la partie supérieure de ce châssis incliné que viendra se buter la partie supérieure du dernier châssis normal à la pente. Les deux châssis précités du corps de l'abri, seront contreventés transversalement. On assurera le contreventement des châssis perpendiculaires à la pente :

1° En plaçant des étrésillons parallèles à la pente s'appuyant respectivement sur les assemblages montant-chapeau et montant-semelle ;

2º En plaçant des écharpes disposées comme l'indique la figure, s'assemblant d'une part, avec les étrésillons, d'autre part, avec les montants ;

3º En clouant, à la fois, sur les montants et les écharpes des planches de 0,027, formant Croix de Saint-André avec les écharpes (voir Pl. 3).

Ce dispositif, ainsi contreventé, offre les avantages suivants ; placement facile, bon appui des planches de ciel sur la face supérieure des chapeaux, maximum de résistance aux efforts normaux à la descente.

Il présente encore un autre avantage, fort appréciable au point de vue du tonnage des matériaux nécessaires ; il permet, en effet, de construire la descente en *demi-galerie;* on voit, en effet, que la hauteur verticale, pour l'homme qui descend les marches de l'escalier, est de 2 mètres, bien que la section de la demi-galerie ne soit que de 1 m. 50 (Fig. 6).

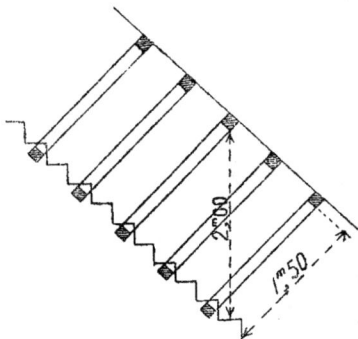

Fig. 6

c) *Descente en châssis coffrants verticaux.* — Les dimensions en œuvre de ces châssis sont les mêmes que celles de la grande galerie, soit 1 mètre sur 1 m. 85 à 1 m. 90 de haut. Ils sont, généralement, constitués à l'aide de madriers de 22/8 (semelle et montants) et de 23/11 (chapeaux). Comparés aux châssis de grande galerie, la résistance des montants sera plus faible, la résistance des chapeaux est sensiblement la même ; mais les assemblages des éléments châssis coffrants assurent une meilleure liaison, et, dans l'ensemble, la résistance par mètre courant de la galerie en châssis coffrants est plus forte.

Le contreventement de la galerie est assuré au moyen de planches de 0,041, sensiblement normales à la descente, prenant appui, d'une part, sur les angles rentrants des montants et des chapeaux, et, d'autre part, sur les angles rentrants des semelles et des montants et clouées sur les divers montants intermédiaires qu'elles rencontrent (voir Pl. 4).

La descente en châssis coffrants n'est applicable qu'en bon terrain, en raison de la nécessité de dégager complètement l'emplacement de chaque châssis et de la difficulté de pratiquer un bon bourrage. Elle présente, en outre, l'inconvénient de consommer une énorme quantité de madriers.

Malgré la rapidité de son exécution, au moins en bon terrain, ce procédé est peu à recommander, en raison des surprises auxquelles on peut être exposés, si le terrain n'a pas une cohésion parfaite.

d) *Descente en châssis coffrants perpendiculaires.* — A la pente : A fortiori, ce procédé n'est-il pas à employer, puisque les difficultés de contreventement et de bourrage se trouvent sensiblement accrues, ainsi que le danger des éboulements.

En résumé, en donnant aux contreventements l'importance qu'ils méritent, on peut employer, indifféremment, dans les descentes, soit le châssis en charpente vertical, soit le châssis en charpente perpendiculaire à la pente.

Mais que ce soit pour les entrées du type nº 1, ou pour les descentes, ou pour les galeries du corps de l'abri, il faut porter toute son attention sur les *assemblages* des divers éléments du châssis. Ces assemblages doivent être rigoureux, tout vide est à combler au moyen de cales en bois, faute de quoi on s'expose à des cisaillements, des arrachements qui peuvent compromettre la solidité de la galerie.

Il est bon de noter, à la fin de ce paragraphe, que les Allemands font, dans les descentes rapides qu'ils pratiquent, un grand usage des châssis coffrants; ceux-ci étant simplement reliés entre eux par des bandes de fer feuillard clouées sur les montants.

CHÂSSIS EN BÉTON. — Les ressources en bois étant limitées, on a songé à remplacer les châssis de mine ordinaires par des châssis en béton armé. La S. T. G. a construit des châssis de galerie majeure et de grande galerie, ainsi que des châssis ovoïdes, dont les différents éléments s'assemblent entre eux au moyen de boulons (voir Pl. 8 et 9).

Des expériences faites au polygone de la Folie, il résulte que les châssis en bois sont encore plus résistants que ceux en béton armé (résistance double environ : un châssis de galerie majeure en béton s'est, en effet, rompu sous un poids de 18 tonnes uniformément réparti). La poussée du terrain, due à l'action des fortes gelées de janvier-février 1917, a déterminé, dans les galeries comportant des châssis en béton armé, même très rapprochés, un flambage des montants voisin de la rupture, avec cassure du béton et mise à nu des armatures en certains points ; les châssis en bois n'ont subi, dans les mêmes conditions, qu'un flambage insignifiant, n'atteignant pas la déformation permanente.

Les châssis en béton armé sont, d'ailleurs, d'un transport difficile et d'une manutention délicate, les armatures pouvant être mises à nu au moindre choc. De plus, la construction des galeries inclinées est rendue difficile par la forme triangulaire du chapeau. Enfin l'établissement d'un boisage, basé sur le frottement bois sur ciment, ne paraît pas devoir donner des résultats satisfaisants.

En résumé, l'emploi de ces châssis paraît devoir être limité aux abris de fouille à ciel ouvert, sous condition de rapprocher les châssis dans la construction et de réduire au minimum les transports et manutentions successives nécessaires pour acheminer ce matériel sur le lieu d'emploi.

Il semblerait, cependant, qu'une partie des inconvénients signalés plus haut (fragilité en présence des chocs, mise à nu des armatures) pourrait être très sensiblement diminuée, en employant pour le béton du gros sable au lieu de gravier, et en réduisant fortement le diamètre des fers qui composent l'armature.

DÉBOUCHÉS EN PUITS. — Le débouchés en puits est à proscrire comme mode unique d'entrée et de sortie pour la plupart des abris. Son débit est trop faible, il risque d'être facilement obstrué par un bombardement intense ; et, si l'assaillant arrive jusqu'à lui, il constitue une véritable glissière à grenades.

Mais, comme il présente l'avantage de se construire assez rapidement et de n'exiger qu'une quantité de matériaux et un cube de déblais relativement faibles par rapport aux autres débouchés, il pourra être utilisé comme débouché accessoire dans un abri, dont la construction doit être poussée avec une activité particulière.

Le puits aura encore un emploi tout indiqué pour donner accès aux postes de combat des mitrailleuses, des grenadiers, aux observatoires, etc. Dans ce cas, les puits auront une faible profondeur et seront reliés à l'abri par une descente en galerie.

Les puits sont encore utilement employés pour constituer des gaines d'aérage et d'éclairement des abris de grande importance.

Les puits le plus généralement employés sont :

Le puits de 1 m. 04 × 1 m. 04 (puits moyen de l'École de Mines),

Le puits de 1 m. 50 × 1 mètre,

Le puits de 1 m. 20 × 0 m. 80,

Le puits à la Boule de 0 m. 80 × 0 m. 80.

On emploiera le puits moyen 1 m. 20 × 0 m. 80, surtout pour les débouchés donnant accès aux postes de grenadiers, aux observatoires. On l'aménagera en disposant des marches sur deux côtés opposés (sur le petit côté pour le 2e puits) ; l'homme montera en écartant les

jambes et mettant le pied alternativement sur chaque marche. On installera, avantageusement, dans l'axe, un monte-charge pour les grenades (voir Pl. 10).

Le puits moyen, le puits de 1 m. 20 × 0 m. 80, et, de préférence, le puits de 1 m. 50 × 1 m., conviendront pour les débouchés d'accès aux postes de mitrailleuses ; on les aménagera avec des escaliers parallèles aux petits côtés pour les puits de 1 m. 50 × 1 mètre, ou des escaliers tournants (voir Pl. 11 et 12).

Le puits à la Boule sera surtout employé comme gaîne d'aérage.

CONTREVENTEMENTS DES PUITS. — Du fait de l'explosion d'un projectile en *a*, les efforts auxquels le puits est soumis, peuvent être représentés par des forces dirigées suivant les rayons de la sphère de compression produite par l'explosion de la charge et s'appliquant sur les parois du puits en *b* et *c* (Fig. 7).

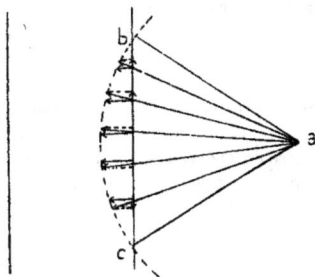

Fig. 7

Ces forces peuvent être ramenées à des *forces longitudinales*, qui tendent à soulever les cadres vers le haut ou à les rejeter vers le bas, et à des *forces normales* à la paroi du puits, qui tendent à rompre par flexion ou compression les différentes pièces des cadres.

On s'opposera à l'action des premières en plaçant des rondins verticaux dans les angles du puits entre les différents cadres et en fixant très solidement au sol le cadre à oreilles par de nombreux couples de piquets inclinés sur les oreilles, qui devront avoir des longueurs d'au moins 1 mètre.

Ce contreventement dans le sens vertical pourra encore être renforcé au moyen de cornières d'angle tirefonnées sur les chapeaux et les semelles (voir Pl. 13).

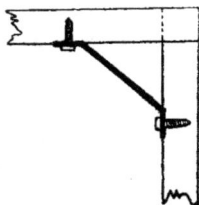

Fig. 8

La résistance à l'action des forces normales s'obtiendra en n'employant que des cadres en bon état et s'assemblant très bien et en les rapprochant dans les premiers mètres de la descente.

On obtiendrait encore un meilleur contreventement en tirefonnant sur les chapeaux et les semelles un fer plat ou rond, aplati à ses extrémités, celles-ci étant encastrées dans le bois, comme l'indique la figure 8. Ce système a, en outre, l'avantage de constituer une sorte d'échelle d'accès à l'intérieur des puits.

Enfin on devra empêcher le glissement vers l'intérieur, sous l'action des forces normales, des étrésillons verticaux, on les calera, à cet effet, avec des taquets cloués sur les chapeaux et les semelles.

§ 3. — Corps de l'abri

Ainsi qu'on l'a vu plus haut, la destination à donner à l'abri à construire est, presque toujours, fixée à l'avance par le Commandement.

Suivant leur destination, on peut établir pour les abris la classification générale suivante :

1º *Abris pour troupes* ;
2º *Postes de Commandement* (P. C.) ;
3º *Postes de secours* (P. S.) ;
4º *Postes d'observation* (P. O.) ;
5º *Abris pour projecteurs et postes optiques* ;
6º *Abris pour mitrailleuses*.

1º Abris pour hommes (Voir Pl. 14, 15, 16, 17, 18, 19, 20 et 21). — Il est admis, à peu près généralement, en raison de l'importance du travail de construction d'un abri-caverne, qu'à l'heure actuelle, l'effectif minimum pour lequel on construira un tel abri est celui de la *Demi-Section*. Cet abri aura toujours, au minimum, 2 entrées, 3, si possible.

Partant de cette origine, on construira des abris pour Sections, Compagnies, Bataillons [1] soit en opérant progressivement, soit en reliant entre eux, des abris de Demi-Section, Section, etc., soit en construisant chaque abri de toutes pièces pour une destination nettement définie.

On a même envisagé la possibilité de créer de véritables casernements souterrains en construisant une série d'abris doubles et en reliant entre eux ces divers abris doubles. Mais, toutes les fois qu'on voudra ainsi caserner des unités égales ou supérieures à la Compagnie, il faudra prévoir, indépendamment du casernement proprement dit, l'établissement d'un grand nombre de locaux accessoires : magasins, cuisines, locaux communs, etc., l'installation de l'énergie électrique pour l'éclairage ou la ventilation.

C'est donc une entreprise considérable pour laquelle on manquera, presque toujours, du temps, des travailleurs et des matériaux nécessaires.

En définitive, les abris qu'on aura le plus souvent à construire, seront ceux de Demi-Section et de Section.

D'une façon générale, le casernement pourra être constitué soit par la galerie transversale [2], reliant les entrées, soit par cette galerie concurremment avec des *alvéoles* ou *niches* qui en partent, soit uniquement par des alvéoles débouchant dans la galerie transversale.

Le système des alvéoles a le grand avantage de permettre une première occupation provisoire de l'abri, dès que la galerie transversale est faite et d'activer la construction de l'abri, puisque cette galerie transversale sera moins longue et que plusieurs alvéoles pourront être attaquées simultanément par des équipes distinctes.

Nous avons vu que le corps de l'abri était construit en galerie majeure, en châssis nº 2, en châssis nº 1, en grande galerie.

En galerie majeure ou en châssis nº 2. — Ces deux profils sont à adopter de préférence aux autres, car ils donnent une meilleure habitabilité. Le profil de la galerie majeure est même à préférer, quand cela est possible, au profil nº 2, car, grâce à sa hauteur, il permet d'établir un contreventement transversal du châssis lui-même, ce qui augmente considérablement sa force de résistance aux poussées extérieures.

Ce contreventement peut être réalisé de la façon suivante (Fig. 9) : Une bande de fer plat de 5 millimètres d'épaisseur, coudée à ses deux extrémités, est tirefonnée, d'une part, sur le montant, d'autre part, sur le chapeau du châssis, et placée comme l'indique

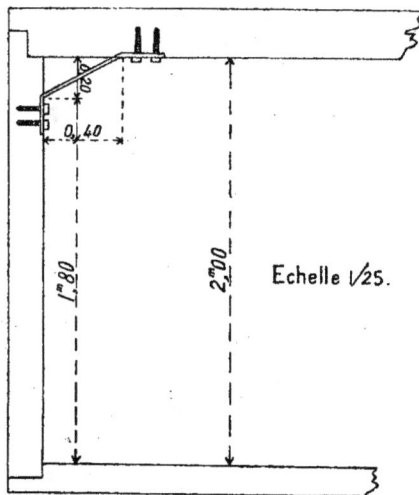

Fig. 9

Echelle 1/25.

(1) Toutefois la création des abris pour forts effectifs est limitée dans chaque cas par des considérations d'espèces fondées sur la nécessité de ne pas créer des nids de prisonniers. En particulier il ne saurait en être question dans les premières lignes (cf. Cours d'organisation du terrain et Instructions diverses).

(2) On peut envisager aussi le cas, comme nous le verrons, de deux galeries transversales.

la figure, de manière que la partie inférieure soit à 1 m. 80 au-dessus de la semelle. Il est avantageux, au point de vue de la résistance, d'encastrer, dans les montants et les chapeaux, les parties tirefonnées de la barre de contreventement.

Le contreventement longitudinal des corps de l'abri devra toujours être assuré au moyen d'étrésillons horizontaux supérieurs et inférieurs, constitués par des bouts de rondins ou de madriers et placés comme il est indiqué pour les débouchés, c'est-à-dire prenant appui sur l'assemblage chapeau-montant ou semelle montante.

Ce contreventement sera complété par des bouts de planches de 0 m. 027 cloués sur les montants à 0 m. 15 ou 0 m. 20 au-dessous des chapeaux, et, mieux encore, à moins que le terrain ne soit tout particulièrement solide et consistant, par des écharpes allant du bas d'un châssis au haut du châssis voisin et inversement, ces écharpes s'appuyant, à la fois, sur le montant et sur l'étrésillon supérieur ou inférieur.

Ce qui est dit ici pour le contreventement s'applique, bien entendu, à toutes les catégories d'abris-cavernes.

Avec les profils précités, les lits de camp peuvent être placés dans le sens de la galerie, soit sur un seul rang; le couloir de circulation a alors 1 m. 40 de large, soit sur deux rangs. On peut encore, dans une alvéole, quand il n'y a que deux rangées de couchettes, disposer celles-ci perpendiculairement au sens de l'alvéole; il ne reste que 0 m. 30 entre le pied des lits et la face intérieure des montants, mais on gagne ainsi de la place.

En châssis n° 1. — Les lits de camp doivent être placés dans le sens de la galerie; il reste un couloir de circulation de 0 m. 65 environ.

En grande galerie. — La galerie transversale n'est alors qu'un couloir de circulation, dans lequel on peut mettre, à la rigueur, des bancs; mais si on veut placer des lits de camp, il faut recourir au système des niches, qui seront, en galerie majeure, en châssis n° 2 ou même en châssis n° 1.

Outre les diverses dispositions qu'on peut réaliser en combinant la galerie transversale avec les niches, on construit encore ce qu'on appelle *l'abri double*, dont il a été question plus haut. Il consiste en deux galeries transversales parallèles, construites soit en galerie majeure, soit en châssis n° 1 ou 2, desservies par les mêmes débouchés prolongés, sur lesquels débouchent ou non des alvéoles et qui peuvent être du même niveau ou à des niveaux différents.

Il peut arriver que le transport à dos d'homme soit obligatoire, très long et très difficile (secteur en activité) et que l'exécution doive se faire dans un délai très restreint. Dans ce cas, *mais seulement si le terrain où on doit travailler est bon et s'il n'y a pas de menace d'éboulement,* on peut procéder à la construction de la galerie transversale du corps de l'abri en deux échelons, en construisant *successivement* deux grandes galeries (voir Pl. 22). Sous la réserve énoncée plus haut, ce système présente quelques avantages : transport plus facile de matériaux moins lourds, travail rapide; mais, au point de vue de la commodité de circulation, la galerie majeure l'emporte nettement. De plus, le système a des inconvénients : nécessiter un contreventement plus compliqué, laisser toujours incertaine la liaison transversale entre les châssis accolés et exiger un cube total de matériaux plus élevé. Mentionnons encore, à titre d'indication, le procédé de la double attaque, indiqué dans l'École de Mines (Livre de l'Officier, p. 9). Ce procédé a aussi l'inconvénient d'exiger un cube de matériaux très considérable.

2° POSTE DE COMMANDEMENT. — On construit des postes de Commandement : de Compagnie, de Bataillon, de Régiment, de Brigade ou d'Infanterie Divisionnaire, de Division, de Corps d'Armée.

Le P. C. de Compagnie n'est souvent pas distinct de l'abri qui reçoit la ou les Sections de renfort de la Compagnie. On y ménage simplement deux ou trois locaux supplémentaires.

Les autres P. C. sont des organes distincts qui ne diffèrent entre eux que par le nombre de leurs locaux.

Le principe de leur construction est le suivant :

Une galerie transversale (parfois deux, mais rarement, pour des P. C. importants, du genre de l'abri double) en galerie majeure ou en châssis n⁰ 1 ou 2[1], sur laquelle débouche, suivant l'importance du P. C., un nombre variable de niches ou alvéoles, de même profil que la galerie tranversale ; on réalise ainsi l'indépendance des locaux et, par suite, des services ;

Des débouchés en nombre variable ; on compte, généralement, une entrée pour 14 ou 15 mètres de galerie tranversale ;

Des organisations accessoires, telles que ventilation, éclairage, W.C., etc. (voir Pl. 21, 23, 23 bis, 24, 25 et 26).

Le tableau ci-dessous donne des indications générales au sujet du nombre de pièces nécessaires aux différents P. C.

P. C. de	OFFICIERS					Observa- toires	Cuisine	Poste télépho- nique	Groupe électro- gène	Postes radio	Secrétaires Ordonnances agents de liaison	Nombre total app. des pièces
	Comman- dement	Adjoints ou d'É.M.	d'Artil- lerie	du Génie	de liaison et autres							
Bataillon........	1	1	»	»	»	1	»	1	»	»	1	5
Régiment.......	1	1	»	»	2	1	1	1	»	»	1	8
Brigade.........	1	1	»	»	1	1	1	1	»	»	2	8
Division........	1	3	2	1	1	»	2	2	1	2	3	18
Corps d'Armée ..	1	5	2	2	2	»	2	2	1	2	4	24

Ces chiffres n'ont rien d'absolu : ils doivent, normalement, être considérés comme des minima ; ils peuvent varier suivant les dispositions adoptées (lits de camp pour les secrétaires établis dans la galerie transversale, réunion dans une même pièce des centraux téléphoniques d'Artillerie et de Commandement, etc.) ou suivant les instructions données par le Commandement.

Le plus souvent, à moins de conditions particulières de terrain, un P. C. quelconque est susceptible d'agrandissement et peut passer d'un échelon aux échelons supérieurs. On a même vu dans une autre conférence (*Organisations offensives*), que ce passage d'un échelon à l'autre était régulièrement prévu en cas de poussée en avant à la suite d'une action offensive heureuse.

Il y a lieu d'indiquer ici un type de P. C. de D. I. ou de C.A., qui a été construit en plusieurs points du front (voir Pl. 25 et 26). Il comporte, indépendamment de l'abri-caverne proprement dit, un abri du type des abris à protection moyenne, paradossé à un talus opposé à l'ennemi, et comprenant une série de pièces en galerie majeure ou en charpente d'une section sensiblement égale, qui sont éclairées par la lumière du jour au moyen de fenêtres ou de créneaux.

Certains de ces *bureaux-abris* ont été construits devant le P. C. et sont desservis par les débouchés de ce P. C., ne laissant généralement complètement libres que les deux débouchés extrêmes. Ce procédé a l'inconvénient d'exposer le P. C., dans le cas d'un bombardement qui détruise ces bureaux, à ne plus disposer que de ces débouchés extrêmes.

Il vaut mieux, si on prévoit la construction de pareils bureaux, soit les construire en dehors des débouchées du P. C., en ménageant alors des couloirs ou des galeries d'accès spé- ciaux, soit les intercaler entre les débouchés du P. C., dont l'écartement serait alors augmenté (Pl. 26).

3⁰ POSTES DE SECOURS. — La construction de ces *postes de secours* procèdera du même ordre d'idées ; ils seront seulement plus réduits.

---

[1] On emploie, parfois, pour la galerie tranversale, le profil de la grande galerie, mais ce système n'est pas à recommander, surtout dans un P. C. d'une certaine importance, en raison des difficultés de circulation inhérentes à ce type.

Ils comprendront généralement :

1 pièce pour le médecin ;

1 pièce pour le logement du personnel ;

1 niche pour les médicaments ;

1 pièce pour les pansements ;

2 pièces pour recevoir les blessés en attendant leur évacuation.

Le P. S. doit, en outre, comprendre un dispositif permettant la descente et la montée, rapides et douces, des blessés (voir Pl. 27).

4° POSTES D'OBSERVATION. — Ces postes pourront être réalisés de la manière suivante (voir Pl. 28) :

1° *Puits à la Boule avec orifice en forme de trous d'obus ;*

2° *Puits à la Boule avec orifice découvert, mais rétréci,* pour laisser seulement le passage de la tête de l'observateur ;

3° *Puits à la Boule avec orifice recouvert par une guérite blindée ou un observatoire métallique,* d'un des types décrits plus loin ;

4° *Chambre à l'épreuve avec périscope.*

Le choix du dispositif dépendra de la destination à donner au poste (poste de guetteurs, observatoire d'artillerie, poste de repérage aux lueurs, observatoire de commandement, etc.)

Observatoires métalliques. — En dehors des types décrits dans l'Instruction sur les travaux de campagne (abris cuirassés pour guetteurs, abris blindés pour guetteurs, guérites observatoires), il existe trois types d'observatoires métalliques divisibles en éléments dont le *poids individuel ne dépasse pas 70 kilogrammes,* ce qui rend possible leur *transport en première ligne.*

Ils comportent trois créneaux d'observation.

On les installe au sommet d'un puits aménagé à l'extrémité d'une galerie (voir Pl. 29).

1° *Type S. T. G.* — Tronc de cône en acier dur moulé de 0 m. 030 d'épaisseur, décomposable en six anneaux et une calotte, s'emboîtant les uns dans les autres. La tenue de l'ensemble est assurée par quatre tirants passant dans la calotte et boulonnés sur l'anneau inférieur. Poids total : 475 kilogrammes.

2° *Type Saint-Jacques.* — Tronc de cône décomposable en cinq anneaux d'acier mi-dur laminé de 0 m. 025 d'épaisseur et une calotte, s'emboîtant les uns dans les autres. La tenue de l'ensemble est assurée par trois tirants prenant appui, d'une part, sur la calotte, et d'autre part, sur l'anneau inférieur. Poids total : 380 kilogrammes.

3° *Type Saint-Chamond.* — Tronc de pyramide en tôle d'acier spécial de 0 m. 015 d'épaisseur, décomposable en quatre faces et une toiture. L'assemblage est obtenu au moyen de quatre cornières fixées sur les faces et la toiture par des boulons en acier spécial. Pour le démontage et le transport, il est recommandé de laisser une cornière sur chaque face latérale. Poids total : 260 kilogrammes.

Les trois types d'abri sont établis pour résister aux balles perforantes à noyau d'acier tirées à la distance de 30 mètres et même au projectile de 37 ordinaire, sauf le dernier (Saint-Chamond). Toutes les fois que ce sera possible, on établira, autour de l'observatoire, une collerette en béton.

5° ABRIS POUR PROJECTEURS ET POSTES OPTIQUES. — Les abris pour projecteurs varieront suivant le type de l'appareil employé.

Avec les postes de 35, à la lumière oxyacétylénique, on utilisera, pour abriter le personnel, un abri-caverne voisin, avec emplacement à l'air libre pour le poste.

Avec les *postes photo-électriques de 90* et au-dessus, qui comprennent le projecteur et une voiture électrogène, on installera la voiture à l'arrière dans un endroit défilé, ou sous abri à l'épreuve. Quant à l'appareil lui-même, on lui aménagera une installation analogue à celle des mitrailleuses en plein champ, à l'extrémité des puits ou galerie, suivant le terrain (voir ci-dessous).

Un dispositif devra permettre d'éclipser le projecteur en dehors des heures de service.

6° ABRIS POUR MITRAILLEUSES. — L'Instruction sur l'emploi tactique des mitrailleuses, du 14 novembre 1917, préconise l'*emplacement de tir en plein champ*, et recommande d'utiliser les couverts divers, notamment les trous d'obus et de lui créer autant que possible un abri au moins de position de repos. On obtiendra un bon résultat en utilisant une excavation simulant un trou d'obus, excavation par laquelle on accède par un puits ou une galerie, reliés souterrainement à l'abri-caverne, logement des mitrailleurs et de leur matériel.

L'orifice du puits ou de la galerie doit être masqué par un camouflage approprié. La mitrailleuse est mise en batterie au dernier moment, sans protection ou bien couverte par un bouclier ordinaire de parapet (voir Pl. 30).

La même Instruction recommande également d'installer les mitrailleuses à l'extrémité d'une galerie partant d'un couvert quelconque et débouchant sur un talus à pente raide, remblai de route ou de voie ferrée.

Lorsque la mitrailleuse sera ainsi installée à l'extrémité d'une galerie, il sera nécessaire d'établir un mur de masque pour assurer la protection du personnel et du matériel. On y parviendra en terminant la galerie par trois ou quatre intervalles de galerie majeure, dans lesquels on coulera du béton, en réservant, au milieu, la place nécessaire pour l'installation de la mitrailleuse. En outre, les créneaux ou débouchés seront camouflés.

De semblables dispositifs peuvent être employés pour les fusils-mitrailleurs, les postes de grenadiers, de voltigeurs, de V. B. et de guetteurs. Le groupement, à l'aide de communications souterraines, de ces organes de défense, constitue des groupes de combat ayant une capacité de résistance considérable, car ils permettent, par l'utilisation rationnelle de toutes les spécialités que comporte actuellement l'Infanterie, de donner une grande densité de feux ; en outre, ils sont difficilement repérables et conservent leur valeur même après un violent bombardement.

La Planche 31 donne un exemple des détails de l'organisation de pareils groupes de combat, dénommés *ilots de résistance ;* on les établira, le plus souvent, *entre la parallèle de résistance et la parallèle de soutien,* à une distance telle de ces lignes, qu'une préparation d'Artillerie, effectuée sur l'une d'elle ou sur les deux, ne risque pas d'annihiler le dispositif (de deux à trois fois l'écart probable) [1].

L'exécution de ce groupe de combat souterrain exigera un travail assez important ; en deuxième position, ce travail sera, la plupart du temps, facilité par la possibilité d'opérer de nombreuses attaques en surface et d'utiliser des procédés mécaniques de creusement.

En première position, ce travail sera en général plus délicat, quoique la présence de nombreux boyaux entre la parallèle de résistance et la parallèle de soutien doive contribuer à faciliter la construction du dispositif souterrain, après l'achèvement duquel on établira des débouchés permettant aux défenseurs d'accéder rapidement à leur poste de combat.

§ 4. — Procédés de construction des abris-cavernes

La construction des abris-cavernes comporte trois opérations distinctes :

1° *Abatage des déblais ;*

2° *Évacuation des déblais ;*

3° *Pose du coffrage.*

---

[1] Se reporter, pour l'organisation d'ensemble de l'ilot de résistance et son emplacement dans le maillage des tranchées et boyaux, au cours du Capitaine Morin : *Organisations défensives. — Études de détail.*

Les première et deuxième opérations doivent toujours être conduites simultanément, de telle sorte que le temps nécessaire à l'évacuation des déblais soit, à peu de chose près, celui que demandera l'abatage des terres.

La simultanéité ou la succession de la première et de la troisième opérations dépendra essentiellement de la nature du terrain.

Au point de vue des première et troisième opérations, on peut classer les terrains en trois catégories :

1re catégorie . .
- Terrain coulant.
- Argile.
- Sable.
- Craie désagrégée et fissurée.

2e catégorie . .
- Craie compacte.
- Calcaires durs fissurés.

3e catégorie . . Roches dures compactes.

Examinons dans quelles conditions peuvent se faire les trois opérations précitées et leur liaison.

1° ABATAGE DES DÉBLAIS. — En reprenant les catégories énumérées ci-dessus, les outils qui donnent le meilleur rendement dans chaque cas, pour l'abatage, sont les suivants :

1re catégorie . . *Pioches et pics.*

2e catégorie . . *Marteaux piqueurs pneumatiques.*

3e catégorie . .
- *Perforeuses à main.*
- *Marteaux perforateurs pneumatiques.*
- *Perforeuses électriques.*

Bien entendu, cette classification n'a rien d'absolu ; par exemple, il arrive fréquemment, dans les terrains de la 1re catégorie, qu'on soit obligé de recourir à des forages et à des pétardements pour se débarrasser de blocs rocheux noyés dans la masse; ou qu'on rencontre une région de terrain où l'emploi des marteaux piqueurs se justifie.

L'étude des appareils mécaniques mentionnés ci-dessus est faite dans d'autres conférences, nous nous contenterons donc de fournir quelques indications sur leur emploi et d'en donner quelques résultats.

Les marteaux piqueurs pneumatiques et les marteaux perforateurs pneumatiques fonctionnent sous l'action de *groupes compresseurs*, qui, aspirant l'air à la pression atmosphérique, le compriment, et, par des canalisations en acier et en caoutchouc, lui font actionner les marteaux piqueurs et les marteaux perforateurs.

Il existe différents modèles de groupes compresseurs de puissance variable. A titre d'exemple, celui que l'Établissement Central du Matériel du Génie peut mettre couramment à la disposition des Armées est un groupe de 30 HP, susceptible d'aspirer, par minute, 4.100 litres d'air à la pression atmosphérique et de les comprimer à 7 kilogrammes ; il permet d'actionner 5 marteaux piqueurs ou 4 marteaux perforateurs [1].

L'installation du groupe exige un abri blindé, ou, si son emplacement est bien dissimulé, un hangar dont les dimensions seront : 6 mètres × 3 m. 50 × 2 m. 20 (hauteur).

Le groupe peut être placé à une distance du chantier qui peut aller jusqu'à 1.800 mètres (maximum) [2].

L'emploi du groupe ne sera véritablement intéressant et son rendement ne dépassera celui obtenu par les procédés ordinaires (pioche, perforeuse à main), que si les conditions suivantes sont réalisées :

---

[1] Pratiquement par suite de la non simultanéité d'emploi des marteaux. leur nombre peut être porté à 8 piqueurs et 6 perforateurs.

[2] Perte de charge de 1 kilogramme par kilomètre.

a) Évacuation des déblais assurée, sans qu'il soit nécessaire d'interrompre le fonctionnement du marteau ;

b) Importance du chantier, justifiant l'installation toujours assez longue, d'un matériel délicat et coûteux ;

c) Durée de fonctionnement du groupe du même point, maximum, pour éviter les pertes de temps dues au changement d'emplacement ;

d) Organisation minutieuse du travail et réduction des pertes de temps employé à l'installation ;

e) Groupement des chantiers, afin d'éviter les pertes de charge et de faire fonctionner aisément lesdits marteaux ;

f) Réduction, dans la mesure du possible, des canalisations rendues ainsi moins vulnérables.

L'abatage des déblais à l'aide des pétardements nécessite l'emploi des appareils de forage, tels que :

Pistolets et barres à mine ordinaires ;
Perforeuses à main ;
Marteaux perforateurs ;
Perforeuses électriques.

Le fonctionnement des perforeuses électriques demande l'installation d'un *groupe électrogène*, à moins que l'énergie électrique ne soit déjà distribuée sur les lieux mêmes où on opère.

Les meilleures perforeuses électriques pour pétardements absorbent une puissance de 1 HP. Le groupe électrogène de 6 kw. fréquemment employé sur le front, permet de faire fonctionner simultanément 8 perforeuses.

2° ÉVACUATION DES DÉBLAIS. — Ainsi que nous l'avons vu plus haut, l'évacuation des déblais doit marcher de concert avec l'abatage, de façon que ce dernier ne risque pas de se trouver arrêté par l'accumulation des déblais. Le débit évacué doit être égal au débit abattu.

a) *Si l'abatage se fait à la main*, l'évacuation peut se faire par l'un des procédés indiqués ci-dessous :

1. — *Entrée du type n° 1.* — Relais à la pelle (mauvais rendement, à n'employer que lorsqu'on n'a pas d'autre moyen), brouette, traineau sur tringles de mine et treuil, voie de 0 m. 40 qu'on pousse progressivement jusqu'au front de taille et sur laquelle roule, poussé à la main, un wagonnet, qui peut, par exemple, porter un coffre en bois, dont un panneau est mobile. Ce procédé établit la balance à peu près parfaite entre l'abatage et l'évacuation. On peut prévoir, à la sortie, une voie d'évitement sur laquelle on poussera le wagon vide, qui pourra succéder immédiatement au wagon plein sortant.

2. — *Entrée des types n°ˢ 2 et 3.* — Relais à la pelle, sacs à terre, traineau et treuil de mine, wagonnet sur voie de 0 m. 40 et treuil de mine, wagonnets suspendus (voir Pl. 32), dispositif d'évacuation imaginé par le Lieutenant Leparoux, de la Compagnie 28/2 (voir Pl. 33).

Ce dispositif comprend :

Deux câbles porteurs fortement tendus entre des points fixes, dans les angles supérieurs de la galerie de descente, et sur chacun desquels roule une poulie supportant un crochet auquel on suspend un ou plusieurs sacs à terre ;

Un câble tracteur sans fin, qui est enroulé, en partie, sur le tambour d'un treuil fixé au bas de la pente, qui passe sur une poulie de retour accrochée à l'orifice de la galerie et qui est amarré aux deux poulies mobiles. Ces derniers amarrages sont à une distance l'un de l'autre telle, que l'une des poulies soit en haut, quand l'autre est en bas. Le personnel nécessaire ne comprend que 3 hommes, 1 au treuil, 1 accrocheur, 1 décrocheur. A titre d'indication, le cube de terre, évacué à l'heure par ce système, peut atteindre 3 mètres cubes (expérience).

b) *Si l'abatage est fait mécaniquement*, les procédés indiqués ci-dessous sont insuffisants étant donné que le déblai fourni par un marteau-piqueur, peut atteindre et même dépasser 4 mètres cubes. On a recours à des wagonnets actionnés sur voie de 0 m. 40 par des treuils électriques.

On a cherché à assurer une évacuation répondant à tous les débits des engins produisant les déblais, en créant *l'appareil élévateur M. D.* Cet élévateur est une sorte de tapis roulant que l'on dispose dans les descentes et à l'extérieur des descentes (voir Pl. 34).

Le tapis est supporté par des éléments de poutre pouvant s'ajuster les uns aux autres ; il est mû par un tambour moteur actionné lui-même par une dynamo. Celle-ci reçoit le courant d'un groupe électrogène débitant du courant continu à 220 volts.

Mais la pente à donner au tapis ne peut dépasser 60 %, limite extrême ; il vaut mieux s'en tenir aux environs de 45 %.

L'emploi du tapis M. D. n'est intéressant que lorsque les chantiers sont importants et groupés.

Ces appareils sont mis en œuvre par un personnel spécial, qu'on a groupé dans des formations appelées *Bataillons M. D.*

3° Pose du coffrage. — Le coffrage d'une galerie se compose, sauf quand on emploie les châssis coffrants, des *châssis*, des *planches de ciel* et des *planches de coffrage* ou de côté.

Avec les terrains de la première catégorie, le coffrage doit marcher, pour ainsi dire, de concert avec l'abatage. Il est, en effet, nécessaire, dans la plupart des cas, de suivre le dégagement du ciel de la galerie avec les planches de ciel prenant appui sur le dernier châssis posé. L'oubli de cette prescription expose à des éboulements qui peuvent devenir très graves, et qui, en tous cas, exigent un travail supplémentaire, puisqu'il faut alors *bourrer* au-dessus des planches de ciel, pour éviter que l'éboulement ne se transmette de proche en proche et n'arrive à déterminer des surpressions susceptibles de compromettre la solidité de la galerie.

Les planches de ciel jouent donc un rôle considérable, c'est pourquoi on les prend de forte épaisseur 0 m. 041.

Si le terrain est très mauvais, on peut être amené à placer de faux châssis pour soutenir les planches de ciel jusqu'à la pose du châssis définitif, à pousser à l'avancement les planches de coffrage en même temps que les planches de ciel, à rapprocher les châssis à 0 m. 70, 0 m. 60 et même 0 m. 50, au lieu de 0 m. 80, écartement normal [1]. Enfin, quelquefois, on doit employer le masque.

Il est bon d'appeler, ici, l'attention sur une opération que n'étudie pas l'École de Mines et qui, cependant, est assez délicate en terrain médiocre avec des châssis de hauteur, hors œuvre différente. C'est le passage de la grande galerie à la galerie majeure, opération fréquente lorsqu'on passe du débouché au corps de l'abri.

Avec les types actuellement règlementaires (Cf. page 10, Note) la différence de hauteur hors œuvre n'est que 2 centimètres. Aucune difficulté. La question se poserait avec des descentes en demi-galerie. Comme, d'autre part, on rencontrera encore très souvent des châssis pour lesquels il y aura une différence de hauteur sensible, nous allons décrire, ci-après, un procédé de posage. Nous prendrons pour exemple le cas d'une galerie majeure et d'une grande galerie du type de l'École de Mines.

	CHAPEAU
Grande galerie	13/16
Galerie majeure.	17/24

$$1^m 85 + 0^m 16 \qquad\qquad 2^m 00 + 0^m 24$$
$$\overline{2^m 01} \qquad\qquad\qquad \overline{2^m 24}$$

---

[1] Dans les descentes, l'écartement des châssis est souvent réduit à 0 m. 60, même si le terrain n'est pas particulièrement mauvais. Cet écartement doit encore être diminué au voisinage de l'entrée.

Si le terrain ne permet pas, sans être soutenu, de faire la place du châssis de galerie majeure, on doit commencer par gagner, dans la grande galerie même, la hauteur de la galerie majeure[1], en remplaçant les quatre ou cinq derniers châssis de cette grande galerie par des châssis spéciaux de hauteur progressive, sur les chapeaux desquels on glissera les planches de ciel. Puis, arrivé à la galerie majeure, on poussera l'avancement jusqu'à l'autre paroi, en soutenant les terres au moyen de faux châssis disposés dans le sens de la grande galerie, mais qui auront une hauteur telle que le dessous de leurs chapeaux soit à un niveau supérieur, de l'épaisseur d'une planche de ciel, à celui du dessus des chapeaux des châssis de galerie majeure, qui seront placés, de part et d'autre de l'entrée, au droit des parois de la grande galerie. Pour ce faire, on supprimera les montants de ces derniers faux châssis et on les remplacera par des étrésillons verticaux qui disparaîtront ensuite ; les chapeaux des faux châssis reposeront alors sur les chapeaux des châssis de galerie majeure par l'intermédiaire de taquets qui disparaîtront avec la pose des planches de ciel dans la galerie majeure.

Cette opération, assez longue et délicate, donne, cependant, toute garantie, pour passer, en mauvais terrain, de la grande galerie à la galerie majeure.

Si le terrain est très bon, cas des 2e et 3e catégories, il sera encore utile de faire un coffrage qui pourra, cependant, être moins complet (on supprime parfois les planches de coffrage), afin d'augmenter les capacités de résistance du terrain aux effets dynamiques qu'il pourra avoir à supporter.

Au point de vue de l'emploi des travailleurs, les conditions d'exécution varieront naturellement avec les effectifs dont on disposera et le genre de travail à exécuter ; mais il y aura, le plus souvent, avantage, pour la construction des abris, à adopter l'une des dispositions suivantes :

Les travailleurs, sapeurs et auxiliaires d'Infanterie, seront groupés :

Soit en 4 équipes, chacune d'elles travaillant de façon continue pendant 6 heures ;

Soit en 3 équipes, chacune d'elles travaillant de façon continue pendant 8 heures.

Ces équipes se succéderont, par relève, sur le chantier, où il n'y aura de ce fait, aucune interruption de travail.

Chaque équipe aura à exécuter une ou plusieurs attaques ; en tête de chaque attaque, 3 sapeurs qui feront l'abatage et la pose du coffrage, en arrière, 6 auxiliaires qui assureront l'évacuation des déblais jusqu'au lieu de dépôt et l'apport des matériaux[2].

Il semble que l'une ou l'autre des dispositions précitées doive donner le maximum de rendement, mais l'expérience a montré que la première disposition, 4 équipes de 6 heures, est préférable à la deuxième, 3 équipes de 8 heures. Des hommes peuvent, en effet, travailler, sans arrêt pendant 6 heures, après quoi ils ont un repos de 18 heures ; ils ne le feront pas pendant 8 heures, au bout desquelles ils n'ont qu'un repos de 16 heures ; et, en 24 heures, le rendement avec la première disposition sera nettement supérieur au rendement avec la deuxième.

Enfin, avec la première disposition, les heures des repas se maintiennent plus régulières et plus normales.

Nous terminons ce chapitre sur la construction des abris en donnant quelques indications sur les temps nécessaires aux travaux d'exécution.

En terrain moyen, supposant une attaque à la pioche qui dispose de 3 sapeurs et de 6 auxiliaires, on peut estimer que l'avancement en 24 heures sera d'environ 2 châssis de galerie majeure, parfois 3, soit 2 mètres à 2 m. 50 ; ou de 3 châssis de grande galerie, parfois 4, soit 2 m. 50 à 3 m. 20. Ces avancements seront notablement réduits en mauvais terrain.

---

[1] Ces chapeaux recevront des aléses à la demande de la pente.

[2] Le nombre des auxiliaires doit être considéré comme un chiffre moyen, le chiffre réel étant naturellement variable avec les conditions locales. Pour les sapeurs travaillant à l'abatage et à la pose, leur nombre est surtout fonction du profil. Le chiffre de 3 est un chiffre moyen. Il peut sembler un peu fort pour la grande galerie, un peu faible pour la galerie majeure. L'Instruction, déjà citée, introduit une distinction entre les deux cas, portant à 4 le nombre des travailleurs de tête de la galerie majeure et le réduisant à 2 pour la grande galerie.

A titre d'exemple, un P. C. de Division à 4 entrées, comprenant logements du Général, du Chef d'État-Major, 1er, 2e et 3e bureaux d'État-Major, Artillerie, Génie, Service de Santé, Centraux téléphoniques, Officiers de liaison, groupe électrogène, cuisine, salle à manger, logements des secrétaires, ordonnances, etc., aération, évacuation d'eau, etc., a été construit dans le délai de 3 mois par un Peloton du Génie, soit 50 hommes, et une Compagnie d'Infanterie, soit 100 hommes, travaillant nuit et jour par 4 équipes de 6 heures.

Les entrées en grande galerie avaient de 25 à 30 mètres de long, la galerie transversale en galerie majeure avait une longueur d'environ 60 mètres ; elle était utilisée pour le couchage d'une partie des hommes de troupes et desservait les logements et bureaux établis dans des alvéoles, en galerie majeure, de part et d'autre de la galerie transversale.

L'évacuation des déblais se faisait à la brouette au voisinage immédiat des entrées, distance maximum : 40 mètres. Le dépôt de matériel se trouvait à 60 mètres environ des entrées.

Le terrain était du sable gréseux, mélangé de blocs de grès de dimensions diverses, nécessitant l'établissement du coffrage au fur et à mesure de l'abatage.

On estime qu'un abri normal de demi-Section peut être construit, en terrain moyen, par exemple craie fissurée, dans un délai de 15 jours par une équipe de 60 hommes, auxiliaires compris, travaillant par roulement ternaire.

CHAPITRE II

Dissimulation des abris-cavernes

Nous allons examiner dans ce chapitre comment on pourra satisfaire à la deuxième condition que nous nous sommes imposée pour les abris à l'épreuve :

Être difficilement repérables, même pendant leur construction.

Il est de la plus grande importance d'assurer la dissimulation des abris-cavernes, tant en ce qui concerne leurs entrées que pour les déblais provenant de leur construction.

Il a été constaté, en effet, d'après les photographies d'avion, qu'il est souvent très facile de repérer ces abris, grâce aux taches blanches relevées sur ces photographies et qui ne sont autres que la représentation des déblais provenant de l'abri, si ces déblais ont été jetés à proximité et si le terrain avoisinant est différent. Ces taches indiquent une sorte d'élargissement de la tranchée ou du boyau où débouche l'abri, indépendamment, bien entendu, de tous les indices que peuvent donner l'organisation des chantiers, la présence des appareils mécaniques, etc.

Il faudra donc :

1o *Couvrir les entrées et les appareils d'évacuation* par un *grillage camouflé* convenablement disposé (éviter les arêtes vives pour le grillage camouflé);

2o Prendre toutes dispositions pour que *les déblais soient rendus le moins apparents possible*. Si le sous-sol est de même nature que le sol naturel, il suffira, le plus souvent, d'éparpiller, dans le voisinage, les terres extraites des galeries.

Dans le cas contraire, on pourra employer les procédés suivants :

1o *Comblement de trous d'obus, de tranchées et boyaux abandonnés, de carrières.*

2o *Comblement de petites sapes* construites dans le voisinage de l'ennemi, procédé intéressant dans le cas d'un abri très rapproché de l'ennemi. Il permet, dans la journée, de faire l'évacuation sans jet de terre apparent.

3o Si on dispose de voie de 0 m. 40, d'auxiliaires en quantité suffisante et si le défilement le permet, on pourra utiliser les terres extraites des abris à construire, à assez grande distance, de *faux ouvrages* dont les parados et parapets sont constitués par les déblais rapportés ; mais il sera nécessaire de donner à ces faux ouvrages l'apparence de tranchées réelles, en creusant d'au moins 0 m. 50, de façon que l'avion ne puisse, facilement, par la photographie, distinguer ces faux ouvrages de ceux qui font réellement partie de l'organisation défensive.

CHAPITRE III

Habitabilité des abris-cavernes

Il ne suffit pas d'assurer aux abris-cavernes la protection contre les bombardements ; il faut encore que les occupants puissent, dans leur abri, goûter le repos nécessaire, que cet abri soit donc judicieusement aménagé et, surtout, qu'il soit aussi salubre que possible. On ne doit pas oublier, en effet, que l'occupation peut se prolonger parfois assez longtemps ; les conditions d'habitabilité doivent donc être telles que le long séjour ne soit pas déprimant pour l'occupant.

Les principales de ces conditions sont :

a) *Protéger les abris le plus possible contre l'humidité* c'est-à-dire *en assurer l'assainissement ;*

b) *Assurer l'aération ;*

c) *Éclairer l'abri.*

c) Assainissement. — L'humidité dont a à souffrir un abri provient soit des eaux de suintement à travers le sol, soit des eaux de surface arrivant aux entrées par les boyaux ou tranchées.

Pour écarter ces eaux, on modifiera le profil en long du fond des boyaux ou tranchées, de façon à créer des points hauts devant chaque entrée et à rejeter les eaux soit dans les puisards, soit, de préférence, à l'extérieur par des saignées faites dans les parapets.

Les eaux de suintement sont, le plus souvent, fort difficile à éviter complètement, surtout quand l'abri atteint de grandes dimensions.

Quand les eaux proviennent d'une source, il faut tâcher de canaliser celle-ci et de faire écouler l'eau, soit par les entrées, quand celles-ci sont du type nº 1, soit dans des puisards, qui seront vidés à intervalles réguliers par des pompes rejetant l'eau à l'extérieur. Il est évident que, si le débit de la source atteint de trop grandes proportions, il n'y a qu'à abandonner l'abri qui serait rapidement noyé.

Mais, le plus généralement, les eaux de suintement proviennent des eaux de pluie qui, tombant à la surface du sol, s'infiltrent dans le terrain et parviennent ainsi jusqu'à l'abri. Les conséquences de cette infiltration sont très variables suivant la nature des terrains. Dans certains terrains, comme l'argile fissurée ou le sable chargé de blocs de grès, la solidité de l'abri peut arriver à être compromise par suite de la formation de surfaces de glissement ou de l'entraînement du sable.

Cela, bien entendu, sans préjudice de la situation pénible où se trouve l'occupant qui ne sait comment se prémunir contre les gouttes d'eau qui filtrent par le ciel de la galerie, et de l'humidité générale qui règne dans l'abri.

La défense contre ces eaux de suintement devra donc être considérée comme des plus importantes ; on l'entreprendra *extérieurement* et *intérieurement.*

Extérieurement, en creusant à la surface du sol, (surtout si la pente générale du terrain est dirigée vers les débouchés) nettement en dehors de la périphérie de l'abri, un vaste fossé très profond, à forte pente longitudinale, qui fera le tour de l'abri et recevra les eaux de ruissellement à la surface du sol. L'inconvénient est que ce fossé risque de déceler la présence de l'abri. Si le fossé n'est pas trop long, on le couvrira avec des branchages, du rafia, etc. Si ce n'est pas possible, on lui donnera l'apparence d'un boyau ou d'une tranchée et on le tiendra à une distance horizontale du fond de l'abri au moins égale à deux ou trois fois l'écart probable en portée pour l'Artillerie lourde, soit 60 à 90 mètres.

On a préconisé aussi l'établissement sur le sol naturel préalablement réglé d'une couverture légèrement inclinée, soit en carton bitumé, soit en tôle ondulée légère ; mais ce procédé n'est applicable qu'à des abris de très petites dimensions ; il est, en outre, très vulnérable et la protection qu'il est susceptible de donner semble très aléatoire.

Intérieurement, en s'efforçant de canaliser les eaux de suintement et de les diriger sur des points déterminés où on assurera leur évacuation. On a imaginé divers procédés dont voici quelques-uns :

1° Établissement sur chaque face verticale du chapeau *d'un trait de scie*, à pente de 1/10 environ suivant la longueur du chapeau, de 1 centimètre de profondeur environ et légèrement incliné vers le haut. Dans ces rainures, on coince des tôles ondulées légères calfatées avec de la ficelle. Une gouttière longitudinale fixée à un montant de chaque châssis reçoit les eaux de suintement et les dirige vers un puisard placé à l'extrémité de l'une des descentes ou, dans le cas de l'entrée type n° 1, les conduit, par un tuyau de descente, dans des culottes établies sous les semelles des châssis de l'entrée et qui, ayant la pente de la galerie, rejettent ces eaux à l'extérieur. Dans le cas d'un puisard, celui-ci est vidé par une pompe.

2° Établissement d'une *gouttière parallèle au chapeau* et fixée à ce dernier par des agrafes en fer feuillard. Cette gouttière recueille les eaux qui tombent sur des tôles légères inclinées au 1/10, s'appuyant sur les gouttières des chapeaux, et les déverse dans une autre gouttière longitudinale fixée à un montant comme il a été dit plus haut.

3° Fixation par des vis, au-dessous des chapeaux, de tôles légères auxquelles on a donné une forme cintrée et qui déversent les eaux qu'elles reçoivent dans deux gouttières longitudinales fixées aux montants de chaque châssis.

Les 2e et 3e procédés ont le grave inconvénient de cacher aux vues les chapeaux des châssis et d'empêcher de constater les désorganisations qui pourraient se produire (voir Pl. 35) [1].

b) AÉRATION. — Le procédé qu'on emploiera le plus fréquemment pour assurer l'aération des abris consiste dans la création de *cheminées d'aération*, forées avec la *tarière Guillat-Génie*, quand le terrain le permet. Ces cheminées sont coffrées avec des tubes de 0 m. 15 fournis pour cet usage par l'Établissement Central du Matériel du Génie. Elles servent non seulement à l'aération mais aussi à l'établissement des poêles qu'on installera dans l'abri et qui doivent, non seulement assurer la protection contre le froid et l'humidité, mais produire des appels d'air qui activent l'aération.

Si on ne dispose pas de Guillat-Génie, ou si le terrain est trop dur pour en permettre l'emploi, on a recours aux puits à la Boule. Ceux-ci ont l'avantage de donner un peu de lumière à l'intérieur de l'abri, mais l'inconvénient d'y déverser beaucoup d'eau en cas de forte pluie. On se prémunit, en partie, contre cet inconvénient, en coudant le puits à la Boule et, surtout, en en réduisant la section par la fixation, à l'intérieur, de tubes de coffrage de la tarière Guillat, le puits étant recomblé autour des tubes.

Ces procédés assurent l'aération par appel d'air dans les galeries d'accès, surtout en

[1] L'écoulement des eaux de suintement, particulièrement provenant de petites sources, peut se faire aussi par les galeries mêmes, au moyen de goulottes établies sous les semelles des châssis. Ces eaux sont évacuées soit par les entrées du type n° 1, soit conduites dans des puisards. On donne alors au sol des galeries une pente de 0,01 à 0,05 par mètre. Cette pente est quelquefois donnée, indépendamment de la question des eaux, pour regagner des différences de niveau entre les débouchés des entrées dans le corps de l'abri.

pratiquant le chauffage intérieur ; mais ils peuvent se montrer insuffisants quand ces galeries sont très longues et que le niveau de l'entrée diffère peu du niveau de l'orifice d'aération ou quand l'abri est de grandes dimensions. On a alors recours à des ventilateurs à bras ou, de préférence, à des ventilateurs électriques, si on dispose d'énergie électrique fournie par un groupe électrogène ou par une canalisation venant de l'arrière.

c) Éclairage. — Le plus souvent, l'éclairage est assuré au moyen de lampes à acétylène ou de lampes à pétrole.

Lorsque l'importance de l'organisation et la capacité des abris le justifieront, on réalisera *l'éclairage électrique* qui marchera de pair avec la *ventilation électrique* (voir Pl. 20).

On créera dans l'abri une *alvéole spéciale* dans laquelle on placera un *groupe électrogène* et généralement *une ou deux autres alvéoles* pour recevoir *le ou les ventilateurs électriques* mus par le groupe.

On installera deux câbles nourriciers isolés pour le transport de l'énergie électrique aux points d'utilisation, et sur lesquels seront branchées pour l'éclairage les dérivations aboutissant aux lampes. Les détails de l'installation devront être réglés de façon que certaines lampes, notamment celles des bureaux des États-Majors et services, puissent fonctionner en permanence et que les autres soient commandées par un commutateur unique.

Dans la ventilation, l'aspiration du ventilateur s'opèrera par un *forage vertical* percé au-dessus du ventilateur ; le refoulement s'effectuera dans une tuyauterie de 0 m. 12 de diamètre suspendu au ciel des galeries de circulation. L'air sera distribué au moyen de *registres réglables* installés de distance en distance sur la canalisation de refoulement.

De grandes précautions devront être prises pour l'isolement des canalisations électriques et de fréquentes vérifications devront en être faites.

À titre d'indication, un groupe électrogène de 3 kw. en action pendant 12 heures sur 24, est suffisant pour assurer le fonctionnement de 64 lampes de 16 bougies et de 2 ventilateurs.

Pour compléter les mesures à prendre dans les travaux d'habitabilité des abris-cavernes, il faut prévoir la fabrication et l'installation du mobilier, lits de camp individuels ou à étages, tables, sièges, etc., et la création de lieux d'aisances pour les occupants. L'emploi des feuillées ne pouvant être envisagée à l'intérieur d'un abri, on installera des *cabinets avec tinettes*. Le meilleur emplacement à donner à ces cabinets sera dans les entrées où on créera des niches d'au moins deux intervalles de grande galerie ; leur nombre sera proportionné à l'effectif de la garnison.

CHAPITRE IV

Protection contre les gaz délétères et asphyxiants

On se met à l'abri des gaz par plusieurs procédés :

1° *Rideau en toile* obstruant les entrées et donnant une fermeture aussi hermétique que possible ;

2° *Tambour formé par deux rideaux suspendus à des cadres* et placés dans les galeries d'entrée à 2 mètres d'intervalle. Un homme placé dans le tambour neutralise, avec un pulvérisateur contenant une solution appropriée, les gaz qui peuvent pénétrer dans cet espace au moment où le rideau extérieur est levé pour livrer passage (voir Pl. 36).

L'intervalle entre les cadres et le coffrage de la galerie est obstrué par un mur en gazon.

Il ne faut pas oublier de munir les cheminées d'aération de dispositif d'obstruction, afin d'empêcher les gaz de pénétrer dans l'abri.

Les procédés de fermeture indiqués ci-dessus deviennent insuffisants contre une action prolongée des gaz.

3° *Système précédent complété par une galerie filtrante.* — On a cherché, pour le cas où la durée d'émission des gaz serait de plusieurs heures, le moyen d'introduire à l'intérieur de l'abri de l'air provenant de l'extérieur, mais qui soit débarrassé des gaz nocifs qui empoisonnent l'atmosphère. On utilise, à cet effet, le pouvoir absorbant que possède la terre végétale vis-à-vis de tels gaz.

On crée, dans une galerie spécialement construite, un filtre en terre au travers duquel on aspirera les gaz (voir Pl. 37 et 38).

Une terre ordinaire *fixe environ son volume de chlore gazeux,* c'est-à-dire qu'un *mètre cube* de cette terre peut procurer sous une vague d'attaque, étant donnée la concentration reconnue pour de telles vagues, au moins *mille mètres cubes d'air respirable,* à la *vitesse maxima d'un mètre cube par minute.* La terre étant disposée sur 0 m. 50 d'épaisseur, soit 2 mètres carrés de surface par mètre cube mis en œuvre, on obtient ce débit sous une différence de pression de 2 à 3 centimètres d'eau.

L'air frais aspiré par le ventilateur, se répandra dans les locaux et créera ainsi une surpression qui favorisera l'arrêt du gaz aux barrages en toile.

Si on maintient à 0 m. 50 l'épaisseur de terre végétale, la surface du filtre variera avec les dimensions de l'abri à aérer.

Mais ce procédé, bien qu'ayant été expérimenté avec succès à Satory et dans la zone des Armées, n'offre pas les garanties suffisantes pour qu'on puisse préconiser fermement son adoption étant donnés le surcroît de travail important que nécessite la construction de cette galerie filtrante, ou de ces galeries filtrantes pour un abri important, et la difficulté de réaliser le filtre dans les conditions voulues pour que l'air aspiré soit effectivement débarrassé de tout gaz nocif.

Il est, en effet, assez difficile, surtout dans les secteurs qui ont subi de nombreux et violents bombardements, de se procurer de la terre végétale, sans trace de terre étrangère et sans trace de caillou. Même, si on obtient de la terre végétale pure, sans cailloux ni vers de terre, les conditions d'établissement sont encore assez difficiles, la terre végétale devant être tassée sans excès, pour que l'aspiration puisse se faire, mais suffisamment pour que le filtre joue son rôle de fixateur des gaz nocifs.

On expérimente actuellement un autre système de filtrage avec une caisse contenant des huiles anthracéniques ; les expériences préliminaires ont donné de très bons résultats et les premiers types de ce système viennent d'être envoyés aux Armées ; on peut espérer que leur utilisation pratique confirmera les bons résultats des expériences initiales.

En tout cas, au point de vue de l'encombrement, ce système, dit *système Leclerc,* présente un avantage considérable sur le système Lapique que nous venons de décrire. La caisse contenant les huiles a comme dimensions approximatives 1 mètre × 0 m. 80 sur 0 m. 60 de hauteur ; son installation est donc des plus faciles.

Citons, à titre d'indication, le ventilateur à bras, figuré Planche 39, et qui peut être établi de toutes pièces sur le front.

Avant de terminer cette première partie où nous avons étudié les abris-cavernes, nous ne pouvons nous dispenser de dire un mot de deux types qui se rattachent à cette famille et qui peuvent rendre dans certaines circonstances des services importants. Nous avons nommé la *sape russe* et le *tunnel.*

SAPE RUSSE. — La *sape russe* qui n'est à employer que dans un très bon terrain, très consistant, servira surtout à établir très rapidement une communication souterraine entre deux abris, entre un abri et une tranchée, etc.

Galerie dont le ciel est taillé en forme de voûte ogivale ayant généralement 1 mètre de largeur sur 1 m. 80 de hauteur maximum, la sape russe offre une assez grande résistance aux poussées verticales. Le jour où on aura imaginé des éléments coffrants d'un genre analogue aux tôles cintrées, épousant rigoureusement la forme de la sape russe, on aura réalisé un sensible progrès, étant donné la rapidité de construction de cette sape, parce qu'on pourra en généraliser l'emploi.

Mais, même dans ce cas, il conviendra de n'employer la sape russe qu'en bon terrain.

TUNNELS. — Les Allemands ont montré la voie à suivre pour la construction de tunnels mettant en communication, à de grandes distances, différents points des organisations défensives. Nous sommes actuellement entrés dans cette voie et il existe déjà sur notre front des tunnels de 600, 800, 1.000 mètres.

Ces tunnels devront être construits, le plus souvent, au profil de la galerie majeuré et on leur donne une protection de terre vierge au moins égale à celle qui est admise pour les abris et même, de préférence, en raison de l'importance de l'organe, la protection contre le 420, soit 14 m. 50 à 15 mètres de terre vierge.

Les tunnels ont le grand avantage de permettre de passer, en sécurité, d'une ligne à une autre ; ils sont souvent utilisés pour y abriter les renforts et les réserves, et surtout les troupes de contre-attaque, jusqu'au moment où ces troupes doivent entrer en action [1].

On crée alors des alvéoles pour loger ces troupes ; le tunnel peut devenir ainsi un immense abri avec P. C., P. S., observatoires, etc.

On aura soin de ménager de *nombreux débouchés*, au moins six ou sept pour une longueur de 500 mètres ; on assurera ainsi des *sorties faciles* et, en même temps, une bonne aération du tunnel, ces débouchés ayant généralement leur issue à des niveaux sensiblement différents.

Mais il faudra s'attacher à dissimuler ces débouchés du mieux possible, de façon que l'ennemi ne puisse repérer le tunnel.

Les débouchés seront traités comme ceux des abris-cavernes, avec défenses des entrées, organes de protection contre les gaz, contre les grenades, etc.

La durée de construction est essentiellement variable suivant le terrain ; mais, quand celui-ci s'y prêtera il y aura tout avantage, en raison de l'importance de cet organe, à installer un groupe compresseur.

L'attention devra se porter sur l'évacuation des déblais, de façon qu'en raison de leur cube considérable ces déblais ne révèlent pas le gros travail en cours.

II -

ABRIS DE SURFACE

Les procédés de construction des abris de surface à l'épreuve du 210 à forte charge étant étudiés dans un autre cours [2], nous nous contenterons de donner ici un aperçu général sur leur nature et nous étudierons particulièrement la constitution de ces abris au point de vue de leur utilisation et de leur aménagement.

---

[1] En ce qui concerne la discussion de l'opportunité d'établissement des tunnels voir le cours du Capitaine Morin *(Organisations défensives. — Détails)*.

[2] *Organisations défensives. — Études de détail*, par le Capitaine Morin.

§ 1. — Généralités

Les *abris de surface à l'épreuve du 210 à forte charge sont construits* le plus généralement :

Soit en *béton spécial* ;
Soit en *béton armé.*

La maçonnerie ordinaire (maçonnerie de moëllons et de mortier de ciment) peut intervenir dans la construction de ces abris, mais dans des proportions limitées, par exemple pour des piédroits non exposés aux coups. On ne doit pas admettre l'emploi exclusif de cette maçonnerie ·pour un abri, en raison des fortes épaisseurs qu'il faudrait donner aux voûtes et aux piédroits exposés aux coups.

Toutefois, si le corps de l'abri existe déjà constitué en maçonnerie, on l'utilisera en le renforçant, d'abord par un *matelas de sable ou de pierre cassée*, qu'on étendra, en couche d'une certaine épaisseur (voir tableau II, 2e type), sur cette maçonnerie ; puis, sur ce matelas, on construira une *dalle d'éclatement.* Ce procédé pourra être employé, pour le renforcement des caves.

On l'emploiera encore, quand on disposera, à proximité du chantier, de matériaux pour maçonnerie (carrière ou maisons démolies), parce que le cube des matériaux à approvisionner de l'arrière se trouvera ainsi notablement diminué. On construira alors une voûte en maçonnerie sur piédroits et on assurera la protection comme il a été dit plus haut.

L'abri proprement dit sera constitué, comme dans les abris-cavernes, soit par un corps d'abri à grande contenance, soit, de préférence, par une séric d'*alvéoles* ou *niches* desservies par un *couloir de circulation*, ce couloir pouvant lui-même être utilisé pour le logement.

Il convient de réduire, dans la mesure du possible, la saillie de l'abri au-dessus du sol ; on a ainsi *visibilité moindre* et *protection supérieure.* Mais, le plus généralement, on ne descendra pas le fond de la fouille au-dessous de 3 mètres, pour éviter des terrassements trop importants.

Les formes extérieures des parties exposées aux coups de l'Artillerie doivent être *arrondies* et *fuyantes*, de façon à favoriser les ricochets.

La couche de terre ou de gazon qu'on étendra sur la dalle d'éclatement, souvent pour la dissimuler, devra être de *très faible épaisseur* (0 m. 15 à 0 m. 20) pour ne pas *faire bourrage* au moment de l'éclatement d'un projectile.

Toutes les fois qu'on le pourra, on réalisera l'indépendance de la dalle d'éclatement et du corps de l'abri pour diminuer la valeur des charges statiques que celui-ci aura à supporter.

Le *coffrage* d'un abri de surface à l'épreuve du 210 étant constitué le plus souvent par des tôles cintrées ou des châssis et des planches de galerie de mine, on maintiendra ce coffrage, même après achèvement et prise du béton ou de la maçonnerie. On augmentera ainsi la capacité de résistance de l'abri, on réduira les dangers de malfaçons toujours possibles et on assurera une meilleure habitalité de l'abri, surtout avec les châssis de mine.

Lorsque l'abri sera constitué par une dalle en béton armé reposant sur des piédroits, on devra porter toute son attention à *assurer une liaison intime entre dalle et piédroits*, pour éviter un glissement de la dalle sur les piédroits, comme cela s'est produit dans certains ouvrages de la place de Verdun, quand ces ouvrages ont été soumis aux bombardements.

Les principes énoncés ci-dessus, dont l'observation est de la plus haute importance, peuvent être résumés ci-dessous :

1o *Réduire la saillie au-dessus du sol ;*
2o *Arrondir les formes extérieures ;*
3o *Ne donner qu'une très faible épaisseur à la couche de terre qui recouvre l'abri ;*

4° *Réaliser, si possible, l'indépendance de la dalle d'éclatement et du corps de l'abri ;*
5° *Conserver, si possible, le coffrage de l'abri ;*
6° *Assurer la liaison de la dalle et des piédroits.*

Comme les abris-cavernes, les abris de surface à l'épreuve peuvent être classés, suivant leur destination, en :

Abris pour personnel ;
Postes de Commandement ;
Postes de Secours ;
Postes d'Observations ;
Abris pour Projecteurs et Postes Optiques ;
Abris pour mitrailleuses.

Étudions successivement ces différents abris :

§ 2. — Abris pour personnel

Ainsi que nous l'avons vu plus haut, le corps de l'abri peut être soit à grande contenance, soit constitué par des niches ou alvéoles desservies par un couloir de circulation.

Ce couloir de circulation sera établi soit en grande galerie, soit en galerie de 1 m. 33, soit en galerie majeure.

Le corps de l'abri à grande contenance et les alvéoles sont coffrés soit avec des tôles cintrées, soit avec des châssis de galerie majeure.

Le couloir de circulation sera coffré en châssis de mine, comme nous venons de le voir, on a ainsi une plus grande facilité d'exécution.

Les débouchés seront toujours en grande galerie.

Avec le coffrage en tôle cintrée, les lits sont placés côte à côte perpendiculairement à l'axe de l'abri.

Avec le coffrage en galerie majeure, les lits sont placés parallèlement à l'axe de l'abri, de chaque côté ; il reste, entre les lits, un couloir central de 0 m. 70.

La protection peut être obtenue :

1° *Dans le cas de la tôle cintrée :*

Soit par une carapace en béton spécial de 1 m. 50 avec radier ;
Soit par une dalle en béton armé de 1 mètre reposant sur la pierre cassée ;
Soit par un revêtement intérieur en maçonnerie de 1 mètre ou en béton spécial de 0 m. 50, surmonté d'un matelas de pierre cassée de 1 mètre et d'une dalle d'éclatement de 0 m. 75 en béton armé.

2° *Dans le cas du châssis de galerie majeure :*

Soit par une carapace en béton spécial de 1 m. 50 avec radier ;
Soit par une carapace en béton armé de 1 mètre avec radier ;
Soit par une dalle en béton armé de 1 mètre reposant sur des piédroits en maçonnerie de 1 m. 25 et parfaitement liée avec eux au moyen de barres d'arrachement ;
Soit par un revêtement en béton spécial de 0 m. 50, surmonté d'un matelas de pierre cassée d'un mètre et d'une dalle d'éclatement de 0 m. 75 en béton armé.

La protection des débouchés se fera par l'un des procédés indiqués ci-dessus (voir Pl. 40, 41, 42 et 43).

§ 3. — Postes de Commandement. — Postes de Secours

Ils sont construits d'après les mêmes principes que les abris pour le personnel ; leur distribution intérieure est analogue à celle des mêmes postes construits en abri-caverne, mais on réduit le nombre des pièces au strict nécessaire en raison de l'énorme cube de béton que demande un P. C. d'une certaine importance.

En général, on cherchera à les adosser contre un talus opposé à l'ennemi ; les pièces pourront alors recevoir la lumière du jour par des créneaux pratiqués dans le mur arrière.

§ 4. — Abris pour mitrailleuses

On adoptera généralement pour la construction des abris de mitrailleuses en surface le type de protection constitué par *une seule dalle ou voûte surbaissée reposant sur des piédroits*.

Les types les plus fréquemment employés sont les suivants :

1° ABRIS EN RAILS ET BÉTON SPÉCIAL (Instruction sur les travaux de campagne, 21 décembre 1915). — Le ciel est constitué par deux couches de rails croisés séparées par une couche d'environ 0 m. 50 de béton et surmontées d'une épaisseur de 0 m. 10 de béton de manière à former au total une dalle de 0 m. 90 d'épaisseur. Les piédroits, en béton spécial, ont une épaisseur de 1 mètre. L'abri est à peine à l'épreuve du 210 à forte charge (voir Pl. 44).

Si on dispose d'une quantité suffisante de rails, on augmentera un peu la capacité de résistance de cet abri en constituant chaque lit de rails au moyen d'une double couche disposée comme l'indique la figure (fig. 10).

Fig. 10

Nous y reviendrons.

2° ABRI TYPE « CASEMATE DE BOURGES » (Instruction sur les travaux de campagne, 1915). — Les parties exposées aux coups directs, c'est-à-dire le ciel et le mur de face dans lequel est percée l'embrasure, sont en *béton armé*. L'abri comporte un sous-sol réservé au personnel. Le mur de face a 1 m. 50 d'épaisseur et le ciel 1 m. 75 ; le relief est de 2 m. 80 environ. C'est donc un type à n'entreprendre que lorsque l'emplacement est défilé aux vues de l'ennemi.

La construction exige un gros travail de bétonnage, mais, l'abri terminé est *à l'épreuve du 210 à forte charge* et du 305. Il y a lieu de le réserver pour les emplacements de mitrailleuses ayant un *rôle fondamental dans la défense* (interdiction d'un point de passage obligé, grand flanquement d'ensemble, etc. (voir Pl. 45).

3° ABRI TYPE DE LA PLANCHE 46 ET 46 *bis*. — Les deux types qui viennent d'être décrits présentent un double inconvénient grave ; ils ont de *grandes dimensions* et un *fort relief*. Le relief est une sujétion à laquelle on ne peut complètement se soustraire, puisqu'il est indispensable de maintenir l'axe du créneau à 0 m. 30 au moins au-dessus du terrain naturel et, par suite, la partie inférieure de la dalle à 0 m. 70 au minimum au-dessus du sol. *Pour un abri en béton armé à l'épreuve du 210 à forte charge, le relief minimum est donc nécessairement de 1 m. 70.*

C'est celui de ce troisième type de casemate. Mais les dimensions intérieures de cette casemate ont été considérablement diminuées, grâce à un aménagement du mur de face permettant de recevoir la partie antérieure du trépied et grâce à la réduction des emplacements destinés au tireur et au chargeur[1]. Le personnel est abrité, en temps normal, dans un abri-caverne relié à la casemate par une descente protégée pendant quelques mètres par un massif de béton.

---

[1] On pourrait encore réduire les dimensions de la casemate si l'on faisait emploi du dispositif à chargement automatique ou du dispositif de la IIe Armée, décrits plus loin.

4° CASEMATE CUIRASSÉE. — On a cherché à *diminuer le relief et, par suite, la visibilité*, en employant des *ciels métalliques*. Le type indiqué dans la Planche 47 et qui a déjà été réalisé à la IIᵉ Armée, comporte une *calotte en acier mi-dur* encastrée dans un *massif en béton armé*. L'épaisseur de la calotte varie de 110 millimètres au créneau à 80 millimètres à l'arrière.

La mitrailleuse est portée par un support spécial qui peut tourner autour d'un arbre vertical placée à sa partie avant; elle pivote ainsi autour de sa bouche, ce qui diminue l'encombrement et les dimensions du créneau. Un dispositif spécial réalisant une sorte d'affût à déformation, permet de ramener légèrement la mitrailleuse en arrière pour pouvoir obstruer le créneau.

Champ de tir horizontal : 90° dans la casemate à un créneau, 150° dans celle de deux créneaux.

5° ABRIS TYPES RÉALISANT LE MINIMUM D'EMBRASURE. — On peut également diminuer la visibilité des abris à mitrailleuses en réduisant au minimum les dimensions de leur créneau (pour un mur de 1 mètre d'épaisseur et un champ de tir de 60°, il faut une ouverture du parement extérieur de 1 mètre sur 0 m. 30). Ce résultat peut être obtenu en ménageant dans le mur une niche, dans laquelle on logera la mitrailleuse, et en plaçant celle-ci sur un affût spécial susceptible de se déplacer sur une circulaire C. Le chargement automatique est assuré au moyen d'un rouleau solidaire de l'affût dont le plan est perpendiculaire à la pièce dans toutes ses positions. Chaque rouleau est susceptible de débiter 500 cartouches (voir Pl. 48).

Un logement ménagé dans le mur en béton reçoit le rouleau, dans le cas où la mitrailleuse prend sa position extrême.

Ce procédé présente l'inconvénient de diminuer la protection de la mitrailleuse et des servants. Pour y obvier, on a réalisé, à la IIᵉ Armée, un dispositif qui permet à la mitrailleuse maintenue dans l'abri de pivoter autour d'un centre fictif situé sur le parement extérieur du mur.

Ce dispositif comprend :

Deux circulaires en fer, dont le centre O est un peu en avant de la paroi extérieure de la casemate (Fig. 11).

Sur les circulaires, un affût spécial portant la mitrailleuse AB. En déplaçant l'affût sur la circulaire, l'arme se comporte comme si son canon était prolongé jusqu'au point O, autour duquel pivote l'extrémité fictive. On a ainsi le minimum d'embrasure dans le plan horizontal.

Le minimum dans le sens vertical est obtenu par un dispositif spécial de l'affût (Fig. 12).

La mitrailleuse repose sur cet affût par l'intermédiaire d'un parallélogramme articulé, qui permet d'élever ou d'abaisser l'arme à volonté, en faisant pivoter son extrémité prolongée toujours autour du point O.

On arrive ainsi à réduire l'ouverture du créneau dans la paroi extérieure à quelques centimètres de côté.

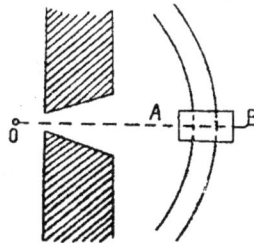

Fig. 11

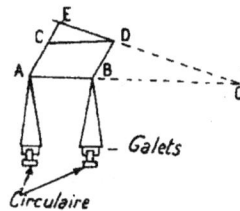

Fig. 12

L'affût, démontable, se compose d'un bâti en fer rond monté sur des galets qui se déplacent sur les circulaires.

La partie supérieure du bâti constitue le côté AB d'un parallélogramme articulé ABCD sur lequel repose l'arme par l'intermédiaire d'un plateau DE, mobile autour d'un axe horizontal en D et s'appuyant sur le prolongement CE du côté AC qui se termine par un galet.

Dans l'ensemble, le côté AB est fixe, les longueurs AE et BD sont constantes.

Lorsque le parallélogramme se déforme (ABC'D'), le plateau DE continue à reposer sur le prolongement de AC venu en E'. La droite E'D' vient couper AB en un point O' qui se confond avec le point O (Fig. 13). On a, en effet, par les triangles semblables :

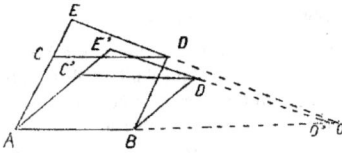

Fig. 13

$$\frac{OA}{AB} = \frac{AE'}{AE - BD} = \frac{AE}{CE} ;$$

$$\frac{O'A}{AB} = \frac{AE'}{C'E'} = \frac{AE}{CE} ;$$

donc : $\dfrac{O'A}{AB} = \dfrac{OA}{AB}$ et $O'A = OA.$

Visibilité. — Quel que soit le type adopté, la visibilité des abris à mitrailleuses sera toujours assez grande, à l'exception, toutefois, de la casemate cuirassée, qui par sa construction même, est peu visible et sera facile à camoufler.

Pour tous les autres types, il sera essentiel de n'établir des casemates que dans des points où elles seront *soustraites au repérage* (ligne de contre-pente, région boisée, deuxième position, etc.) et il y aura lieu de *les camoufler très soigneusement.*

Autrement, malgré tous les soins apportés à leur construction, elles risquent, à cause de leur relief, d'être vouées à la destruction si l'ennemi veut y mettre le prix, car la répétition des coups amènera fatalement la désagrégation du béton. En outre, si l'abri est épargné, le bouleversement du sol en avant du créneau annihilera l'action des mitrailleuses.

Ventilation. — La combustion de la poudre des cartouches donne une grande quantité d'oxyde de carbone qui se répand dans l'abri et peut empoisonner rapidement le personnel ; le fait a été constaté. Aussi est-il indispensable d'assurer une bonne ventilation de ces abris.

§ 5. — Postes d'observation
Abris pour projecteurs et postes optiques

Les *observatoires* et les *abris pour projecteurs et postes optiques* sont d'un type analogue aux abris de mitrailleuses, mais aussi réduits que possible pour diminuer leur visibilité.

On a fréquemment à établir sur le front des *observatoires de Commandement et d'Artillerie* ; il y a intérêt à les séparer de façon qu'au combat les services intéressés ne s'y gênent point.

L'observatoire peut alors être compris comme l'indique la Planche 49 et comporter deux petits observatoires en béton armé reliés souterrainement par un abri-caverne contenant, outre deux postes téléphoniques (un d'Artillerie ou d'Infanterie), le logement du personnel (téléphonistes, observateur, etc.), celui de l'Officier d'Artillerie et celui de l'Officier d'État-Major ou d'Infanterie.

Le détail de l'observatoire proprement dit est donné par la Planche 50, qui le représente soit avec entrée par puits, soit avec entrée par boyau.

Il contient deux ou trois personnes, mais on peut, si on le juge nécessaire, réduire les dimensions intérieures.

Avant de terminer cette étude sur les abris en béton, il a paru intéressant de donner ici, à titre d'indication (Pl. 51 et 52), deux études qui ont été faites sur la répartition des fers de l'armature dans une dalle en béton armé sur des piédroits en béton armé.

Le premier, qui est une application de la première annexe de la Notice du 10 août 1915, prévoit le renforcement de l'intrados de la dalle par une forte condensation des fers, et une augmentation du diamètre d'une partie de ceux-ci (20 millimètres au lieu de 10 millimètres). De ce fait, le dosage des fers étant maintenu à 80 kilos par mètre cube de béton, le reste de la dalle est moins chargé en fer et le béton résiste en partie par sa cohésion.

Dans la seconde (étude de l'auteur) le renforcement de l'intrados est obtenu également par une forte condensation des fers à la partie inférieure de la dalle. (Dans cet exemple, on a conservé le diamètre de 10 millimètres). On a resserré également les trois quadrillages de l'extrados, de façon à former dalle d'éclatement. De ce fait, la partie médiane de la dalle reste peu ou pas armée.

Une caractéristique de cette seconde étude réside dans l'armature des piédroits. Celle-ci ne comporte plus de quadrillages horizontaux qui ont été considérés, par l'auteur, comme susceptibles de créer des sections de rupture. Les piédroits sont simplement armés par des lames verticales qui viennent s'ancrer fortement dans la dalle et le radier et par des barres horizontales disposées suivant la grande longueur des piédroits et liées aux barres verticales. Dans les piédroits, comme dans la dalle, la densité des fers a été notablement augmentée à la partie interne, de façon à donner une meilleure résistance aux efforts de flexion.

A remarquer que, dans l'un et l'autre cas, la protection contre la chûte des ménisques de béton détachés par les chocs de projectiles, est assurée au moyen d'un grillage métallique noyé dans le béton.

La dalle et le piédroit exposés aux coups recevront, en outre, des tenons d'amarrage jouant le rôle d'étriers, espacés : dans la dalle de 0 m. 40 en largeur et en longueur, dans le piédroit, en haut et en bas, et 0 m. 40 horizontalement et verticalement et destinés à résister aux efforts de cisaillement.

Mais nous croyons devoir répéter, en terminant, que ce ne sont là que des études. Les prescriptions de la Notice du 10 août 1915 sont toujours en vigueur, et, d'ailleurs, nous les avons suivies dans les différents types d'abris que nous avons donnés ci-dessus.

DEUXIÈME PARTIE

ABRIS A PROTECTION MOYENNE

Nous avons vu que, dans certains cas, le temps et les moyens manquaient pour construire des abris à l'épreuve du 210 à forte charge et à F. R. On devra donc se contenter de chercher, d'après les possibilités, la protection contre le 105, le 150 et même, si possible, contre le 210 à fusée instantanée.

On construira alors des abris que nous désignons, comme il a été dit, par l'appellation d'*abris à protection moyenne*.

Ces abris ayant généralement un assez fort relief au-dessus du sol, il conviendra de les dissimuler du mieux possible, soit en les construisant sous des couverts ou à contre-pente, soit en les camouflant.

Ils comprennent, en général, une sorte de coffrage, constitué par une charpente en bois et des tôles cintrées, et sur lequel sera établie la masse protectrice qui se composera, en quantités et en épaisseurs variables, de terre, sable, rocaille, de rondins, rails ou poutres en fer, d'éclateurs.

Pour l'établissement de cette masse protectrice, il est nécessaire de poser quelques principes consacrés par l'expérience :

1° Une couche de rondins, de 0 m. 15 à 0 m. 20 de diamètre, bien reliés entre eux, disposés à la surface d'un terrain vierge et recouverts d'un mètre de remblai, équivaut, comme *résistance protectrice, à un mètre de terrain vierge* (expériences faites au camp de Mailly);

2° Une couche de terre rapportée offre une *résistance environ moitié moindre* que celle d'une couche de terre vierge de même nature;

3° Il est essentiel que la construction soit comprise de façon que *la plus grande partie de la masse protectrice ne charge pas le corps de l'abri;* on diminuera ainsi le plus possible la valeur des efforts statiques qu'il doit supporter et on le mettra dans les meilleures conditions pour résister aux efforts dynamiques dus à la chute et à l'explosion des projectiles;

4° La masse protectrice doit, sur les côtés exposés aux bombardements, *déborder le corps même de l'abri*, de telle façon qu'un projectile pénétrant sous un angle de chute de 45 à 60° à une profondeur de 4 mètres, soit encore éloigné de 2 mètres du corps de l'abri;

5° La résistance de l'abri sera notablement augmentée par *l'adjonction, à la partie supérieure, d'une couche d'éclatement*. Celle-ci pourra être constituée soit par des rails, ou poutrelles métalliques, jointifs et bien reliés entre eux, soit par des sacs de ciment ou de béton, soit par de la pierraille, soit enfin par des *dalles éclateurs*.

Les principes que nous venons d'énoncer ne sont pas spéciaux aux abris à protection moyenne; ils trouvent aussi leur complète application, en ce qui concerne les abris-cavernes, dans la protection des têtes des descentes desservant ces abris.

Les *dalles éclateurs* que nous venons de mentionner, sont des éléments en ciment armé qui sont de différents modèles.

Le plus ancien modèle, encore en service dans certaines armées, est un prisme à section carrée de 0 m. 60 de côté et de 0 m. 10 à 0 m. 15 d'épaisseur. On pose simplement ces dalles jointivement à la partie supérieure de la masse protectrice; mais il est préférable de laisser, entre les dalles, un joint de 0 m. 01 environ qu'on remplira avec du mortier de ciment. On aura ainsi une certaine liaison entre les éléments.

Les modèles les plus employés actuellement, sont des éléments dont les formes et les dimensions générales sont indiquées ci-dessus, mais dont les angles ont été abattus en forme de ménisques concaves de manière à donner le logement à des boucles de fer rond provenant de l'armature.

Quand les dalles sont juxtaposées, les boucles d'angles sont réunies au moyen d'agrafes métalliques ou d'étriers en acier extra-doux de 10 millimètres qu'on tord pour assurer l'assemblage. La liaison sera rendue plus intime, en coulant sur l'ensemble un mortier de ciment.

On a, dans cet ordre d'idées, le *type D. A. L.* et le *type de Verdun,* qui sont le plus employés (Pl. 55).

Le dosage du béton est le suivant :

> 400 litres de sable ;
> 800 litres de gravillon ;
> 400 kilogrammes de ciment de Portland ;

pour 1 mètre cube de béton.

Le poids de l'armature entrant dans la dalle est de 6 à 7 kilogrammes.

Le poids de l'éclateur est de 90 kilogrammes environ.

Ce poids total peut être ramené à 60 kilogrammes en réduisant les dimensions de l'éclateur à 0 m. 45 × 0 m. 45 ; et même à 45 kilogrammes en substituant du mâchefer au gravillon.

On peut accroître la solidité de la couche d'éclatement en superposant deux couches de dalles, pleins sur joints, et intercalant entre ces deux couches environ 0 m. 30 de terre, de façon à favoriser la déviation des projectiles par la traversée de milieux hétérogènes.

On pourrait améliorer encore le système en disposant l'armature de façon à avoir non seulement les boucles d'angle, mais encore à faire sortir sur chacune des grandes faces, 4 boucles donnant une hauteur de vide d'environ 20 millimètres. Dans ces boucles, on ferait passer, en les ligaturant à la partie supérieure, des barres en fer rond de 10 millimètres et on formerait un quadrillage en liant sur ces barres d'autres barres identiques perpendiculaires aux premières, ce quadrillage étant relié lui-même aux étriers de liaison des boucles d'angle. Le quadrillage serait de 0 m. 20 × 0 m. 20 ou de 0 m. 15 × 0 m. 15. Sur l'ensemble, on coulerait un béton de même dosage que celui de la dalle. On aurait ainsi un bloc d'éclatement qui, s'il n'a pas reçu la consécration de l'expérience, semble en mesure de rendre de sérieux services et être rapidement construit.

PROTECTION CONTRE LE 105, LE 150 ET LE 210 F. I. — On peut admettre que les abris sont à l'épreuve :

Du *105,* quand ils comprennent un lit de rails ou de rondins jointifs surmontés de 1 mètre de terre avec couche supérieure d'éclatement ;

Du *150,* quand ils comprennent deux rangées de rails ou de rondins jointifs, séparées par 0 m. 50 de terre et recouvertes par une couche de remblai de 0 m. 30 au minimum, surmontée d'une couche d'éclatement ;

Du *210 F. I.,* quand ils comprennent trois couches de rails ou de rondins jointifs, séparées les unes des autres par 0 m. 50 de terre, la troisième couche étant elle-même recouverte d'un remblai de 0 m. 50 qui est surmonté d'une couche d'éclatement.

Une disposition préconisée par le Règlement allemand du 13 décembre 1916, relatif à la guerre de position (Détails d'organisation des positions) semble, si on dispose du matériel nécessaire, devoir donner de précieuses garanties de solidité, en l'appliquant à l'une au moins des couches de rails.

Cette disposition consiste à placer une double couche de rails ou de poutrelles, en les assemblant comme l'indique la figure et les reliant au moyen de boulons, de fers plats ou bien de fils de fer (Fig. 14).

Fig. 14

OBSERVATION IMPORTANTE. — Si, pour diminuer l'abri, on juge utile de recouvrir la couche d'éclatement de terre ou de gazons, il est de toute nécessité que cette couche de terre ou de gazons ne dépasse pas 0 m. 10 à 0 m. 15, de façon à ne pas faire bourrage au moment de l'éclatement d'un obus.

Dans la construction de ces abris, il est expressément recommandé de porter la plus grande attention sur le contreventement tant longitudinal que transversal de la charpente de coffrage de l'abri. Quand on emploie la tôle cintrée, il est bon de soutenir le joint supérieur au moyen d'un madrier ou d'un bastaing courant le long de ce joint et soutenu lui-même par des chandelles qui reposent, par leur pied, dans les entailles d'une semelle longitudinale et qui sont dressées à forcement.

On se contentera de décrire sommairement ici un abri dont le corps est formé de tôles cintrées, mais où ces tôles ne constituent pas le coffrage de l'abri (Pl. 56 et 57).

Dans l'intérieur de l'excavation où doit être construit l'abri, on élève une charpente en rondins d'au moins 0 m. 20 de diamètre, formée de châssis perpendiculaires à la direction générale de l'abri. Les montants de ces châssis, écartés dans œuvre de 3 m. 50 (hors œuvre du cintre : 3 m. 10) reposent dans les entailles de semelles qui seront noyées dans le terrain vierge, dont la face supérieure sera à 0 m. 30 au moins au-dessous du plancher de l'abri et qui seront contrebutés par des rondins perpendiculaires également noyés dans la terre vierge. Le dessous du chapeau, qui s'assemblera à gueule de loup avec les montants, sera à 0 m. 20 au-dessus du faîtage des tôles.

Le contreventement du châssis sera assuré au moyen de contre-fiches s'assemblant par embrèvement avec les montants et le chapeau. L'intervalle d'axe en axe, de ces châssis sera, au maximum de 1 mètre.

Sur les chapeaux de ces châssis reposent des rondins d'au moins 0 m. 20 de diamètre qui s'assembleront avec les chapeaux, sur la face supérieure desquels on aura ménagé un implat de longueur voulue, soit au moyen d'entailles, soit au moyen de taquets cloués sur ces rondins et formant griffes.

Ces rondins seront au nombre de quatre; les deux extrêmes, au droit des montants, seront, en plus, reliés aux châssis par des doubles contre-fiches s'assemblant, à embrèvement sur les montants des châssis et sur les rondins eux-mêmes. On aura donc contreventement dans les deux sens perpendiculaires.

Les rondins intermédiaires, simplement assemblés avec les chapeaux des châssis comme les précédents, reposeront sur les chapeaux aux points d'appui des contre-fiches des châssis.

La fouille aura dû être poussée à une profondeur telle que le dessus des quatre rondins supérieurs se trouve au niveau du terrain naturel, ou plutôt à 0 m. 15 ou 0 m. 20 au-dessous ; cette fouille devra donc avoir une profondeur de 2 m. 95 à 3 mètres.

A l'intérieur de cette charpente, à laquelle on pourra donner telle longueur qu'on voudra, il sera facile d'assembler les éléments de tôle cintrée, les traverses de 0 m. 20 d'épaisseur environ reposant sur le fond de la fouille.

Cette disposition et celle adoptée pour les semelles des châssis permettront d'installer, de part et d'autre, des tôles cintrées, des goulottes destinées à recueillir les eaux tombant sur les tôles.

Les éléments de celles-ci seront amenés par un boyau construit spécialement, qui sera, après montage des tôles, coffré en grande galerie et qui recevra, sur une longueur d'au moins une dizaine de mètres, un blindage de même ordre que l'abri lui-même. Ce sera un des débouchés de l'abri.

Les tôles étant montées et assemblées, ou bien on comblera le vide de la fouille au-dessus des tôles et jusqu'au niveau inférieur de là charpente avec du sable, ou de préférence, on laissera subsister le vide au-dessus des tôles jusqu'au niveau supérieur de la charpente, constituant ainsi un matelas d'air qui agira comme régulateur de pression et de température pour l'abri et laissera le corps même de l'abri complètement indépendant de la masse protectrice.

Sur les rondins du dessus de la charpente, on disposera ensuite normalement à l'axe longitudinal de l'abri des rails (ou poutrelles) jointifs de 6 mètres qu'on ligaturera ensemble et avec la charpente. Ces rails auront donc sur la terre vierge, de chaque côté, un appui de 1 m. 25, qu'on améliorera en faisant reposer les rails par leurs extrémités sur des rondins longitudinaux noyés dans la terre vierge et fortement retraités à 5 ou 6 mètres de distance par des harts en fil de fer.

Si, comme nous l'avons vu, la fouille est réglée de telle sorte que le dessus de la charpente se trouve à 0 m. 15 ou 0 m. 20 au-dessous du sol naturel, on aura donc à creuser de cette profondeur pour faire l'emplacement du lit de rails, qui se trouvera ainsi encastré dans le terrain vierge.

Sur les rails, on mettra une première couche de remblai de terre, ou, si possible, de pierrailles, de 0 m. 50, à la partie supérieure de laquelle on disposera des tôles fortes à grandes ondes auxquelles on donnera une pente de 2 à 3 centimètres par mètre suivant les ondes de façon à rejeter complètement les eaux en dehors de l'abri. Dans les ondes creuses de ces tôles, on disposera des branchages, fascines et au-dessus une couche de terre ou de pierrailles qui aura 0 m. 10 d'épaisseur à sa partie la plus faible. Au-dessus, deuxième couche de rails ou couche de rondins jointifs, à joints croisés avec le premier lit de rails ; rails ou rondins étant solidement ligaturés les uns aux autres. Cette seconde couche débordera les extrémités de la première couche de rails et les extrémités de l'abri de 2 à 4 mètres au moins des côtés exposés aux coups.

Ce deuxième lit de rails sera recouvert d'une nouvelle couche de terre ou, de préférence, de sable ou de rocaille, cette couche recevant, si on dispose du temps et du matériel nécessaire, un troisième lit de rails ou de rondins de même sens que les rails du premier lit, mais en les choisissant de longueurs telles que la longueur de ce troisième lit égale la largeur du deuxième lit. Ce troisième lit de rails recevra une troisième couche de remblai (rocaille ou sable si possible) de 0 m. 40 d'épaisseur.

Enfin, au-dessus de la deuxième ou de la troisième couche de remblai, suivant qu'on aura pu faire deux ou trois couches, on disposera des éclateurs dont on assurera la liaison par un des procédés indiqués plus haut.

A l'autre extrémité de l'abri, si celui-ci a une certaine longueur, on créera un second débouché qui sera fait en grande galerie et protégé, au besoin, par un blindage.

Dans les conditions indiquées ci-dessus, l'établissement de la chandelle support de faîtage devient inutile, d'où une habitabilité meilleure de l'abri.

TROISIÈME PARTIE

ABRIS LÉGERS

Au début de cette conférence, on a prévu la nécessité de construire dans les tranchées de première ligne des abris légers destinés à protéger les occupants contre les intempéries et les éclats de projectiles ou les shrapnells. On évitera ainsi le danger auquel s'exposent les hommes en se creusant, de leur propre initiative, des niches sous le parapet.

Mais, on doit proscrire absolument les abris légers construits en rondins avec faible couche de terre et qui recouvre tout ou partie de la tranchée, tels qu'ils sont décrits dans l'Instruction du 21 décembre 1915. De tels abris risquent, en effet, en cas de bombardement, de devenir plus dangereux qu'utiles pour les occupants et d'obstruer la tranchée de leurs débris.

On ne pourrait les admettre que dans un boyau spécial, parfaitement défilé et relié à la tranchée par ses deux extrémités.

Aussi n'y a-t-il à préconiser, dans les tranchées, que deux types d'abris légers. Ceux-ci sont construits sous le parapet dans la tranchée, mais, par leur constitution même, ils n'affaiblissent pas ce parapet, les éléments dont ils sont composés formant coffrage (Pl. 58).

PREMIER TYPE. — Cet abri comprend des éléments de tôle légère de 0 mm. 6 d'épaisseur, de forme ovoïde, ayant les dimensions suivantes : 1 m. 30 de hauteur, 0 m. 74 de largeur maximum, 0 m. 35 de longueur et s'assemblant entre eux de façon à former un abri auquel on donne telle longueur qu'on veut.

DEUXIÈME TYPE. — Cet abri n'est autre qu'une demi-galerie en châssis coffrants de 1 m. 30 de hauteur, 0 m. 80 de largeur, les planches des châssis ayant environ 0 m. 20 de largeur.

On construit ces abris comme des abris en galerie de mine, en ayant soin de descendre le sol de l'abri à 0 m. 50 environ plus bas que le sol de la tranchée, de façon qu'il reste au-dessus du ciel de l'abri environ 0 m. 70 de terre vierge.

On leur donne la longueur nécessaire pour y loger deux ou quatre hommes couchés ou quatre ou huit hommes assis.

On se prémunit contre l'afflux des eaux à l'intérieur de l'abri en contre-bas de la tranchée en garnissant le devant de l'abri au moyen d'une planche et d'un ressaut de terre, et surtout en réglant le sol de la tranchée de façon à avoir un point haut devant l'abri et en creusant les puisards nécessaires.

www.ingramcontent.com/pod-product-compliance
Lightning Source LLC
Chambersburg PA
CBHW060742280326
41934CB00010B/2318